Oliver Leu

Dein Musikinstrument einfacher spielen lernen

Erfolgreich und mit Spass!

Danksagung

Folgenden Schülern bin ich für Ihre Vorschläge und Korrekturen dieses Buches besonders dankbar:

Andreas Imbach, Otto Hänseler, Roger Müller.

Meiner Frau Deniz bin ich in jeglicher Hinsicht dankbar. Das Leben mit ihr zusammen verbringen zu dürfen – und von ihr geliebt zu werden, ist das Beste, was mir in meinem Leben passiert ist.

Oliver Leu

Dein Musikinstrument einfacher spielen lernen

Erfolgreich und mit Spass!

Eine grosse Hilfe, um auf dem Instrument weiter zu kommen

Bibliographische Information der Deutschen Nationalbibliothek:
Die Deutsche Nationalbibliothek verzeichnet diese Publikation
in der Deutschen Nationalbibliografie, detaillierte bibliographische
Daten sind im Internet über http://dnd.dnd.de abrufbar.

1. Auflage: 2017

Copyright 2016 Oliver Leu
Herstellung und Verlag:
BoD – Books on Demand, Norderstedt

ISBN 978-3-7386-4847-8

Inhaltsverzeichnis

Vorgedanken..11
   Für wen dieses Buch geschrieben wurde..............................12
   Über den Aufbau dieses Buches..12
   Wie das Buch gelesen werden kann.......................................13
   Erfolg beim Erlernen eines Instruments................................13
   Wie sicher der Erfolg ist...14

Teil I: Den richtigen Lehrer finden.......................................17
   Einen guten Lehrer finden..17
      Praktische musikalische Fähigkeiten...............................18
      Musikalisch-Fachliches Wissen...18
      Didaktisch-Pädagogisches Wissen.....................................19
      Erfahrung..21
      Persönlicher Umgang mit seinen Schülern.......................22
   Voll- oder Teilzeitlehrer und Marketingverzerrungen............23
   Schüleranzahl der Lehrer...24
   Autodidakt oder studierter Musiker.....................................25
   Lehrertypen und Persönlichkeiten..26
   Bedingt geeignete Lehrertypen...26
      Der „vergeistigte" Künstler als Lehrer..............................27
      Der betont intellektuelle Lehrer...28
      Der Rockstar als Lehrer...28
      Der allwissende Lehrer..29
      Der vorwurfsvolle Lehrer..31
   Marketing und Musikunterricht..34
      Die „Alles ist möglich" - Fraktion....................................37
      Zweifelhaftes Web-Marketing – Praxisbeispiel 1.............37
      Zweifelhaftes Web-Marketing – Praxisbeispiel 2.............38

Die Eigeninteressen des Lehrers / Regeln..................39
Das Lehrerhonorar..................42
   Allgemeine Überlegungen zu Lehrerhonoraren..................42
   In welcher Zeit der Lehrer wie viel verdienen muss..................42
   Pünktliche Bezahlung des Lehrerhonorars..................44
   Selbstbestimmte Honorare..................45
   Honorare und Erfahrung..................46
   Honorare und Schüleranzahl..................47
Der Unterrichtsort..................48
Deinen Lehrer über das Internet finden..................48

TEIL II: Das Schüler-Lehrer Team im Unterricht..................51
Die Probelektion..................51
   Kosten der Probelektion..................53
   Testfragen für den Lehrer..................54
   Nach der Probelektion – den Unterricht aufsetzen..................55
Realistische Ziele setzen..................57
Der richtige Unterrichtstag..................58
Notizen machen..................59
Sich Übungszeitfenster schaffen..................60
   Zeitkontrolle während dem Üben..................60
Zwischenmenschliches im Unterricht..................61
Lampenfieber im Unterricht..................62
   Introvertierte und extravertierte Schüler..................64
   Darüber sprechen / Erfahrungen austauschen..................68
   Worst-Case Szenario vorstellen..................70
   Imaginativ üben..................70
   Sich beim Üben (ultimativ) aufnehmen..................71
   Anderen Personen vorspielen..................71
   Sich einspielen..................72
   Sich selbst beobachten..................74
   Entspannungstechniken..................75

Die „Fuck-It!" - Mentalität..76
Der richtige Umgang mit Spielfehlern...............................77
Was Fehler für uns sind...77
Wie wir Spielfehler für uns nutzbar machen können.........77
Das Lernzonenmodell...80
Blockaden lösen, Komfortzonen vergrössern.......................82
Komfortzonen und das Verlassen dieser..............................82
Musikalische Probleme und ihre Ursprünge........................85
Deine mentale Einstellung zur Sache....................................86
Die mentale Einstellung deines Lehrers................................87
Schüler - Lehrer Inkompatibilitäten......................................88
Persönliche Inkompatibilitäten...88
Unterschiedliche Lernauffassungen.....................................90
Soziale Unverträglichkeiten...91
Intelligenz (IQ) und Musizieren...93
Deine Lerntechnik..95
Dein Durchhaltewille...96
Deine (Un-)geduld..97
Dein Alter als Lernende/r..98
Deine Begabung...101
Begabung ist komplex..101
Bauch- oder Kopflerner..103
Die Begabung deines Lehrers..104
Die WARUM - Frage..105
Alternative Unterrichtsmethoden..106
Wann alternative Methoden Sinn machen.........................109
Den Unterricht verlassen...110

TEIL III: Dein Üben Zuhause..113
Motivation...113
Jeder Schüler ist auch ein Lehrer...114
Lernen zu lernen...114

Der Übungsort Zuhause..115
Vor dem Fernseher üben..116
Spielen ist nicht Üben...117
Der Übungsplan..117
Das VAK – Prinzip...119
Blicktechnik beim Spielen...121
Entspannt spielen..122
   Minimalkraft überprüfen...123
Das Spieltempo beim Lernen...124
Doppeltes und halbes Übungstempo..............................126
Üben in Bursts / Pushing the limits...............................127
Mit dynamischem Tempo üben......................................128
Nachhaltiges Lernen und kurzfristige Erfolge...............129
Spielgenauigkeit und Transition-Time..........................132
Kompetenzstufenentwicklung.......................................134
   Unbewusste Inkompetenz..134
   Bewusste Inkompetenz..134
   Bewusste Kompetenz..135
   Unbewusste Kompetenz..135
Exemplarischer Lernprozess..136
Neues Wissen breit vernetzen..137
Auswendiglernen muss nicht schwierig sein.................139
   Ein mit der Sprache vergleichendes Beispiel............140
   Der Bogen zurück zur Musik.....................................141
Postmentale Prozesse und Übungspausen.....................143
Übungs - Interferenzen..145
Die 21 Wiederholungen...145
Üben mit dem Metronom...147
   Die Plus 10 Minus 15 Prozent Technik.....................147
   Im halben und Vierteltempo spielen..........................149
Treffsicherheit verbessern (Specht - Technik)...............149
Schmerzen und Verletzungen..150

An neue Belastungen gewöhnen..150
Vielspieler..151
Fokus auf Verspannungen beim Spielen........................151
Minimalkraftspiel...152
Mehrfachbelastungen...153
Mikrobewegungen vs. Makrobewegungen......................153
Bürsten um den Stoffwechsel anzuregen.........................154
Massagecreme..154
Stretching...155
Ganglien und Musizieren...155

Stichwortverzeichnis..157

Literaturempfehlungen..158

Vorgedanken

*Die Wissenschaft ist der Verstand
der Welt, die Kunst ihre Seele.*

- Maksim Gorki

Es ist mir sowohl in meinem Unterricht als auch in diesem Buch ein grosses Anliegen, meine Erfahrungen im musikalischen Bereich als Lehrer ungeschminkt, ehrlich und realistisch darzustellen. Es werden dabei auch Erfahrungen, welche meine Schüler bei anderen Lehrern gemacht haben, einfliessen – und die Gilde von uns Musiklehrern wird hie und da auch kritisch hinterfragt werden.

Ich verstehe mich nicht nur als ein allgemeiner Lieferant von Wissen, welches den Schüler befähigt, sein Instrument zu erlernen, sondern vor allem auch als Werkzeuglieferant, um meine Schüler langfristig mit den nötigen Werkzeugen zu versorgen, welche sie für ihre weitere, von mir unabhängige, musikalische Entwicklung nutzen können. Dazu gehören Wissensbereiche wie Lerntechnik und Lernpsychologie, was bedeutet, dass der Schüler - in Grenzen - auch zu einem Lehrer ausgebildet wird. Dies, weil er die meiste Zeit Zuhause alleine üben wird – und dabei in der Lage sein muss, sich selbst durch einen sinnvollen Lernprozess zu führen. Der Schüler ist also meistens sein eigener Lehrer! Ich vertrete die Meinung, dass wenn ein Schüler einen für ihn guten Lernprozess verfolgt, er automatisch zu einem für ihn optimalen Resultat kommt, sofern die dazu nötige Zeit auch investiert wird.

Unterdessen habe ich hunderte Schüler durch das Abenteuer, ein

Instrument zu erlernen, begleitet und möchte dir nun eine reiche Vielzahl dieser gesammelten Erfahrungen in Form dieses Buches weitergeben, damit du viel und möglichst lange Freude hast, ein Instrument zu erlernen – und deine Ziele dabei auch erreichen kannst.

Für wen dieses Buch geschrieben wurde

Ich habe dieses Buch für drei verschiedene Gruppen von Menschen geschrieben:

- Menschen, welche bald Musikunterricht besuchen
- Menschen, die bereits Musikunterricht besuchen
- Autodidakten

Über den Aufbau dieses Buches

Das Buch ist in drei Teile gegliedert, welche verschiedene, wichtige Phasen des Lernens eines Musikinstruments beschreiben, wobei gerade der dritte Teil substantiell für Selbstlerner ist.

Der erste Teil behandelt das Finden eines zu dir passenden Lehrers. Es ist sehr wichtig, einen möglichst gut zum Schüler passenden Lehrer zu finden, denn in einem guten Team arbeitet man entspannter, besser und damit auch effizienter.

Der zweite Teil befasst sich mit allem, was im und auch um den Unterricht herum passiert.

Der dritte Teil konzentriert sich vor allen auf das Üben Zuhause, mit Hilfen und handfesten Tipps in Form von Lerntechniken. Hier werden gerade auch Autodidakten, welche in der Regel über keine aktive Unterstützung in lerntechnischen Belangen verfügen, unterstützt.

Wie das Buch gelesen werden kann

Die Teile des Buchs müssen nicht in ihrer Reihenfolge gelesen werden. In der Tat können einzelne Abschnitte für sich gelesen und verstanden werden.
Um ein möglichst umfassendes Bild zu bekommen, empfehle ich den Lesern jedoch, das ganze Buch durchzulesen, denn ich bin mir sicher, dass es für jeden Lernenden nützliche Gedanken enthält, welche ihm in seiner Zukunft als Musizierender weiterhelfen.

Erfolg beim Erlernen eines Instruments

Bevor wir anfangen, uns darüber zu unterhalten, wie wir zu einem erfolgreichen Unterricht kommen, möchte ich ein paar Worte darüber verlieren, was erfolgreicher Unterricht bzw. erfolgreiches erlernen eines Instruments denn eigentlich ist. Denn nur dann können wir uns einem Ziel mit Sicherheit annähern, wenn wir uns des Zieles möglichst genau bewusst sind.

Ein Instrument erlernen die meisten Menschen einfach zum Spass. Sie sind neugierig und möchten sich auf ihrem Instrument weiterentwickeln oder möchten von Anfang an ein Instrument spielen lernen. Einige fangen schon früh damit an, ein Instrument zu spielen, andere später – manche erfüllen sich damit einen Jugendtraum, für den aus den verschiedensten Gründen in der

Vergangenheit nicht genügend Raum und Zeit vorhanden war.

Während ein Schüler seine favorisierten Rocksongs spielen lernen möchte, fasziniert es einen anderen, der Gitarre mit seinen Fingern feine Töne zu entlocken und wieder ein anderer möchte zu Blues-Musik improvisieren können.

Der eine Schüler ist in seiner Zielsetzung eher ambitiös, der andere sieht das Erlernen eines Instruments als passende Abwechslung zu seinem Berufsalltag, als eine Art kontrastreiche Entspannung oder einen Ausgleich.

Der Erfolg definiert sich somit nicht an einem fix (durch den Lehrer) vorgegebenen Lehrplan, sondern am Anspruch des jeweiligen Schülers.

Als Lehrer werde ich einerseits versuchen, im Team mit dem Schüler seine Ziele zu erreichen, bzw. seine Wünsche zu erfüllen, andererseits versuche ich meist auch behutsam, den musikalischen Horizont des Schülers noch in die eine oder andere Richtung zu erweitern, sofern der Schüler dafür offen ist. Interessanterweise sind oft eher ältere Schüler an Musik breiter interessiert, als jüngere, welche manchmal sogar Statements wie: „Nur DAS ist Musik!" einbringen.

Wie sicher der Erfolg ist

Dieses Buch verspricht dir Erfolg im Musik-Einzelunterricht und auch mehr Erfolg im Selbststudium. Inwiefern kann ich dir den Erfolg dabei wirklich garantieren?

Wenn ein Schüler die in diesem Buch beherzigten Punkte

berücksichtigt, bin ich überzeugt, dass zwischen 90 % und 95 % aller Schüler einen erfolgreichen Unterricht erleben werden. Autodidakten werden ihr selbständiges Vorankommen vor allem durch das Studium des dritten Teils ebenfalls deutlich verbessern. Sie können jedoch auch die Vorzüge eines persönlich auf den Schüler abgestimmten Unterrichts besser verstehen, wenn sie sich auch Teil II einverleiben.

Auch gewisse persönliche Einstellungen, Eigenschaften oder Limitierungen tragen massgeblich zum Erfolg des Unterrichts bei. Auch darüber werden wir uns unterhalten.

Teil I: Den richtigen Lehrer finden

Einen guten Lehrer finden

Ein „guter" Lehrer ist in erster Linie ein Lehrer, der zum Schüler passt. Nicht jeder Schüler braucht die selben Fähigkeiten eines Lehrers, jedoch sollten die für den spezifischen Schüler am meisten erforderlichen Fähigkeiten bei einem Lehrer möglichst umfangreich vorhanden sein.

Dies ermöglicht es dem Schüler, motivierter, schneller und besser zu lernen – also seine Ziele einfacher zu erreichen. Der nicht gut passende Lehrer kann im schlimmsten Fall ein anfänglich lustvolles Hobby zerstören.

Ein „guter" Lehrer wird in folgenden Lehrerdisziplinen, welche wir im Anschluss besprechen werden, stark sein. Je nach Schüler wird der Lehrer in im einen oder anderen Bereich jedoch mehr gefordert werden:

- Praktische musikalische Fähigkeiten
- Musikalisch-Fachliches Wissen (z.B. Theorie)
- Methodisch-Didaktisches Wissen (Lehrerwissen)
- Erfahrung / Weiterbildung / Spezielles Wissen
- Umgang mit seinen Schülern (Menschliches)

Somit wird auch klar, weshalb nicht jeder Lehrer auf jeden beliebigen Schüler passt: Nicht jeder Lehrer wird in den vom Schüler geforderten Bereichen gleiche Fähigkeiten in den Unterricht bringen können.

Praktische musikalische Fähigkeiten

Es ist offensichtlich, dass ein Lehrer sein Instrument beherrschen sollte. Dies zumindest auf einem Niveau, welches dem Schüler viele Jahre voraus ist. Diese praktischen Fähigkeiten sind diejenigen, welche man hören, sehen und fühlen kann, wenn der Lehrer spielt. Der Lehrer sollte in der Lage sein, Fähigkeiten auf dem Instrument so zu vermitteln, dass diese Fähigkeiten den Schüler auch in sehr vielen Jahren in seiner musikalischen Entwicklung nicht limitieren oder behindern. Mangels Erfahrung des Lehrers kann es sonst beispielsweise passieren, dass der Schüler etwas lernt, was in der gelernten Form irgendwann an seine Grenzen stösst. So etwas nach Jahren des Übens umzulernen, ist eine grosse Zeitverschwendung – und oft sehr mühsam, da der Schüler sich oft zurück auf ein tieferes Niveau begeben muss, um falsch erlernte Automatismen umzulernen.

Musikalisch-Fachliches Wissen

Der Lehrer sollte über ein grosses Wissen im musikalisch-fachlichen Bereich verfügen. Dies gibt dem Lehrer die Möglichkeit, sich eine umfassende Meinung über verschiedenste Thematiken zu bilden und ermöglicht ihm, die selbe Frage von verschiedenen Seiten zu beleuchten und unterschiedliche Wege für den Schüler abzuzeichnen, beziehungsweise den wahrscheinlich besten Weg für einen Schüler aufzuzeigen, falls dies im speziellen Fall möglich ist.

Gerade hier sind Autodidakten (Lehrer) sehr im Nachteil, was ich immer wieder z.B. in YouTube-Videos finde: Da sprechen Menschen über ein Fachgebiet, welches sie selbst nicht in der notwendigen Tiefe verstanden haben und geben dieses Halbwissen weiter. Die Lernenden können das Gelernte dann nicht einordnen, ziehen möglicherweise falsche Schlüsse oder werden verwirrt. Solche „Verwirrungen" können über Jahre bestehen bleiben, dabei könnten sie in einem Einzelunterricht oft in ein paar Minuten aufgeklärt werden.

Wenn ich einen Schüler (um diesen zu schützen) nicht von Anfang an mit der vollen Komplexität konfrontieren will, kann ich ihm das auch unmittelbar mitteilen: „Für den Moment ist folgendes die Wahrheit...". Später kann ich diese Teilinformation dann in ein Gesamtbild rücken und mit diesem verbinden.

Dabei ist es auch sehr wichtig, dass der Lehrer sich bewusst ist, welches Wissen welche Vor- oder auch Nachteile für den Schüler mit sich bringt – oder eine gewisse Fragestellung einfach noch zu früh ist, weil zuerst andere Themen verstanden werden sollten. Je nach Instrument ist der Zeitpunkt für das Verstehen eines spezifischen musiktheoretischen Themas unterschiedlich, da sich auf den Instrumenten theoretische Zusammenhänge unterschiedlich abbilden: Auf dem Klavier ist es beispielsweise sehr einfach, Dreiklänge abzubilden und diese umfassend zu verstehen und zu erklären. Auf der Gitarre stellt sich dies viel komplizierter dar, da dieses Instrument nicht einfach linear (in Halbtonschritten) aufgebaut ist und die Gitarre in sich keine musikalische Struktur abbildet, wie das beim Klavier der Fall ist[1].

Didaktisch-Pädagogisches Wissen

Praktisch jeden Tag erlebe ich im Unterricht, dass es nicht nur wichtig ist, das Richtige zum richtigen Zeitpunkt zu lernen, sondern dass der Weg des Lernens (der Lernprozess) eine

---

[1] Die weissen Tasten stellen beim Klavier in sich schon eine musikalische Struktur dar, nämlich eine C-Dur bzw. A-Moll Tonleiter.

fundamentale Rolle einnimmt.

Ich vertrete die Meinung, dass man grundsätzlich (nur) einen gut auf den Schüler abgestimmten Lernprozess anwenden muss, damit einem das Resultat sozusagen geschenkt wird, natürlich unter dem Einsatz von entsprechender Zeit. Eventuelle Erfolge und Misserfolge müssen dabei erkannt werden und der Schüler oder Lehrer sollte in der Lage sein, entsprechende Massnahmen zu treffen, wobei dies z.b. auch nur die Aufforderung sein könnte, doch etwas langsamer zu spielen.

Als Lehrer interessiere ich mich besonders für Lernprozesse und für die unterschiedlichen Schüler, auf die die Lernprozesse angewendet werden. Ich sehe meine Aufgabe darin, Lernprozesse für den Schüler dort zu optimieren, wo der Schüler selbst nicht mehr weiter kommt. Dazu aber später mehr.

Abschliessend lohnt es sich, zu erwähnen, dass ein guter *Musiker* nicht automatisch auch ein guter *Lehrer* ist – sondern, dass es sich hier um zwei komplett verschiedene Disziplinen handelt und dass ein Musik-Unterrichtender in beiden Disziplinen ausgebildet und interessiert sein muss. Ohne hier jemandem Unrecht tun zu wollen: Ich bin gegenüber autodidaktischen Lehrern sehr kritisch eingestellt, speziell dann, wenn sie finden, dass Unterrichten ja ganz einfach sei. Leider hatte ich in meinem Leben als Musikschüler genau diese Erfahrung gemacht, von einem solchen Lehrer über längere Zeit unterrichtet zu werden, ohne mir dies bewusst gewesen zu sein. Tatsächlich hatte ich dazumal gemeint, dass viele meiner musikalischen Probleme mit mir zu tun hätten. Heute weiss ich jedoch, dass dieser Lehrer einfach nicht in der Lage war, mich zu unterrichten. Im Nachhinein hat mich die Erfahrung aus der Zeit, welche ich in seinem Unterricht verbracht hatte, wohl als Lehrer sehr weitergebracht – sozusagen als „Negativbeispiel" - was durchaus auch seinen Wert hat.

Erfahrung

Ich erachte die Erfahrung des Lehrers ebenfalls als sehr wichtig. Sie ist nicht unbedingt für jeden Schüler gleich wichtig. Ich beobachte, dass es Schüler gibt, welche schon ganz natürlich gute Lernwege wählen – hier bin ich als Lehrer im Bereich Vermitteln von Lerntechniken nicht wirklich sehr gefordert. Dies gilt jedoch für die absolute Minderheit der Schüler, die ich unterrichte. Auf der anderen Seite habe ich schon (Schul-)Lehrer unterrichtet, welche keine guten Lernwege wählten. Essenz: Selbst als Lehrer kann man sich nicht wirklich sicher sein, dass man gute Lernwege wählt, wenn man in einem fremden Fachgebiet unterrichtet wird.

Ein Lehrer, welcher ca. 10'000 Lektionen gegeben hat, würde ich als sehr erfahren bezeichnen. Allerdings zählt nicht nur die effektiv gegebene Lektionsanzahl, sondern auch das Streben des Lehrers nach mehr Wissen, mehr zu verstehen, sich weiterzubilden und sich und seinen Unterricht weiter zu entwickeln aber auch kritisch zu hinterfragen.

Selbst ausgebuchte Musiklehrer vernachlässigen die Weiterbildung gerne, ganz einfach, weil sich das auf sie selbst nicht wirklich durch eine höhere Schüleranzahl auswirkt. Dabei lassen sie jedoch ausser Acht, dass sich ein guter Lehrer auf das Vorankommen der Schüler oft stark positiv auswirkt, und dass es für den Lehrer selbst langfristig viel motivierender ist, wenn er stetig versucht, sich zu verbessern, sich weiterzuentwickeln und nicht einfach zwanzig und mehr Jahre lang in seinem Unterrichtslokal die Lektionen „absitzt".

In der Tat merke ich heute, dass ich durch Interesse, Weiterbildung und Erfahrung meinen Schülern bei komplexeren Problemen besser helfen kann, als ich das vor fünf Jahren noch in der Lage gewesen wäre.

Die Schüler, welche dem Lehrer Probleme aufgeben, sind oft die Schüler, welche dem Lehrer die Chance geben, sich weiter zu entwickeln. Habe ich mit einem Schüler ein Problem, kann das auch heissen, dass ich unter Umständen einfach noch nicht über die passenden Werkzeuge verfüge, um dem Schüler zu helfen. Wenn ich als Lehrer einen solchen Schüler im Unterricht habe, nehme ich das als Chance zu meiner Verbesserung wahr – und wenn ich dabei erfolgreich bin, bin ich dann auch wirklich Stolz darauf, dass das Schüler-Lehrer-Team den Horizont der Möglichkeiten wieder einmal etwas in die Ferne verschieben konnte.

Persönlicher Umgang mit seinen Schülern

Sowohl im Leben, als auch im Musikunterricht ist es einfach viel angenehmer, wenn man mit Personen zusammenarbeitet, mit denen man gut umgehen kann.

Wer geht denn gern mit dem vom Leben frustrierten, mürrischen Griesgram um? Man wendet sich vorzugsweise an nette, freundliche und hilfsbereite Personen, mit denen man vielleicht auch noch einige Werte teilt und mit denen man gemeinsam etwas erreichen kann und will.

Je nach Schüler ist diese Lehrereigenschaft mehr oder weniger wichtig. Für die meisten Schüler ist sie jedoch ziemlich wichtig, wie ich bei einer Umfrage unter meinen Schülern bestätigt bekam.

Wenn du einen Lehrer hast, welcher z.B. auf Distanz und musikalisches Supergenie (welches an und für sich zu bewundern ist) macht, und du dich daran störst, solltest du meiner Meinung nach einen Lehrerwechsel in Betracht ziehen. Im Musikunterricht geht es unter anderem auch um Gefühle und nicht zuletzt um Vertrauen – und hier kann sich ein Schüler eingeschränkt fühlen, wenn der Lehrer seine Beziehung zum Schüler zu distanziert gestaltet. Wir Lehrer sollten uns bewusst sein, dass uns unsere Schüler erst das Leben, das wir führen, ermöglichen – diesen Gedanken im Hinterkopf erachte ich als äusserst hilfreich für Lehrer, welche sich durch ihr künstlerisches Schaffen vielleicht etwas zu weit weg von den Realitäten der (wirklichen) Welt bewegt haben.

Voll- oder Teilzeitlehrer und Marketingverzerrungen

Die Natur des Berufs des Musiklehrers birgt es in sich, dass die meisten Lehrer gleichzeitig auch aktive Musiker sind. Ich kenne Lehrer, welche ihren Lebensunterhalt zu je etwa fünfzig Prozent als aktiver Musiker und Musiklehrer bestreiten. Andere Lehrer haben ein Pensum von vielleicht nur 10 Lektionen pro Woche.

Wenn jemand einen Beruf nur in Teilzeit ausübt, ist zu bemerken, dass ein Jahr Berufserfahrung eben nicht einem ganzen Jahr entspricht. Somit werden manchmal imposante Zahlen wie „10 Jahre Berufserfahrung" kommuniziert, dabei war es ein 30 % Pensum, welches diese 10 Jahre auf 3 Jahre 100 % Pensum zusammenschmelzen lässt. Dies wird meist leider nicht offen kommuniziert – hier wohl aus Marketinggründen, welche die

Realität verbiegen. Ein Lehrer, welcher drei Jahre Vollzeitberufserfahrung vorweisen kann, ist sicher noch nicht ein sehr erfahrener Lehrer, aber auch kein völliger Grünschnabel mehr – analog zu anderen Berufen – aber einfach 10 Jahre anzugeben, tönt natürlich viel besser. Schliesslich müsste die Berufserfahrung eigentlich in Anzahl Lektionen angegeben werden, um wirklich eine Aussage zu machen.

Schüleranzahl der Lehrer

Es gibt Lehrer, welche nur 10 Schüler betreuen und dies als unbedingt positiv hervorheben, weil sie sich so mehr um ihre wenigen Schüler kümmern können, im Vergleich mit einem Lehrer welcher vielleicht 30 oder mehr Lektionen pro Woche erteilt. Das kann im speziellen Fall natürlich zutreffen, jedoch sieht die Realität leider meist anders aus: Der Lehrer hat neben seinem Unterricht noch andere Projekte (z.B. als aktiver Musiker) und legt somit seinen Fokus nicht auf den Unterricht, dafür auf seine Musikerkarriere. Zudem hat ein Teilzeitlehrer definitiv weniger Zeit für seine Weiterbildung, denn auch die braucht Zeit. Ein Lehrer welcher 40 Stunden die Woche Lehrer ist, kann davon 2 – 4 Stunden in seine Weiterbildung investieren – was 5 – 10 % seiner Gesamtarbeitszeit entspricht. Ein Teilzeitlehrer (30 %), welcher ebenfalls 2 – 4 Stunden pro Woche in seine Weiterbildung investieren möchte, hat insgesamt nur 12 Stunden pro Woche zur Verfügung, müsste also 15 – 30 % seiner Unterrichtszeit in seine Weiterbildung investieren, womit weniger Zeit zum Unterrichten bleibt und das durch Unterricht erwirtschaftete Einkommen signifikant reduziert wird. Hier bleibt eigentlich fast nur die Möglichkeit, die Weiterbildung zu reduzieren – oder sogar ganz darauf zu verzichten. Letzteres ist leider viel zu oft der Fall.

Autodidakt oder studierter Musiker

Der Autodidakt verfügt in aller Regel nicht über ein wirklich vertieftes Wissen. Weder im pädagogischen, noch im musiktheoretischen Bereich. In der Praxis kann es jedoch sehr gut sein, dass er sein Instrument beherrscht, jedoch sollte man klar sehen, dass dies in *keinster Weise* zum Unterrichten befähigt.

Der Autodidakt hat im Vergleich zum studierten Musiker manchmal eine grössere Wahrscheinlichkeit, verständlichen, das heisst „nicht abgehobenen" Unterricht zu geben. Ein studierter Musiker sollte sich immer wieder zurückversetzen, was es heisst, ein totaler Anfänger zu sein – einige vergessen das leider sehr zum Nachteil der Schüler. Praktisch kann ein geübter Gitarrenlehrer zum Beispiel einmal eine klassische Gitarre als Linkshändergitarre besaiten und versuchen als Linkshänder zu spielen: Dies gibt dem erfahrenen Musiker ganz schnell ein Gefühl, wie sich ein völliger Anfänger in etwa fühlt. Im theoretischen Bereich, sollte ein Musiker versuchen, die Wortwahl entsprechend dem Ausbildungsstand des Schülers zu treffen.

Der Autodidakt als Lehrer kennt häufig zu wenig verschiedene Wege, sich einem Ziel anzunähern und hat oft ein schwaches Fundament. Dies sollte sich meiner Meinung nach deutlich bei seiner Preisgestaltung niederschlagen – sozusagen als Ausgleich für eine nicht vorhandene formale Ausbildung, bzw. tatsächliche Lücken in den Möglichkeiten den Unterricht zu gestalten. Auf einer Musiklehrer-Vermittlungswebsite habe ich studierte Lehrer und Autodidakten entdeckt, die ihren Unterricht zu den selben Konditionen anboten, was ich doch schon ziemlich stossend finde, wenn ich bedenke, dass ein Musikstudium ca. fünf Jahre dauert und man in dieser Zeit mehrere tausend Lektionen in den verschiedensten Fächern nimmt.

Lehrertypen und Persönlichkeiten

Musiklehrer unterscheiden sich voneinander sehr. Es ist nicht so, dass es keine Rolle spielt, welchen Lehrer man wählt, sondern – je nach Schülertyp – kann es sogar fundamental wichtig sein, einen gut zum Schüler passenden Lehrer zu wählen.

Musikunterricht ist eine persönliche Angelegenheit und geht weit über das einfache Vermitteln von Theorie und Bewegungsabläufen hinaus, wie das vielleicht vom einen oder anderen Schüler gar nicht gedacht wird.

In den vergangenen 20 Jahren, in denen ich Musikunterricht erteilte, sind mir immer wieder teils haarsträubende Geschichten zu Ohr gekommen. Darum widme ich diesen Abschnitt allen Musiklehrern, welche eigentlich gar keine Lehrer sind, jedoch trotzdem aktiv unterrichten.

Jeder Typ, den ich beschreibe, begegnete mir tatsächlich im realen Leben, entweder persönlich oder aber über Schilderungen von Schülern, welche in meinen Unterricht wechselten.

Ein paar meiner Anmerkungen könnten etwas böse werden – wer mich kennt, weiss jedoch, dass ich ein ganz Netter bin. Allerdings tun mir die Schüler leid, welche zu einem Musiklehrer finden, welcher seinen Schülern schon gar nicht erst die Chance gibt, ihr Potential zu entfalten.

Bedingt geeignete Lehrertypen

Nicht jeder, der sich Lehrer nennt, ist tatsächlich auch ein Lehrer. In den folgenden Abschnitten habe ich, ohne Anspruch auf

Vollständigkeit, ein paar „kritische Fälle", sprich Lehrertypen skizziert:

Der „vergeistigte" Künstler als Lehrer

In gewisser Weise sieht sich ein Musiker praktisch immer auch als Künstler. Das Problem mit Künstlern ist (auch nach meiner persönlichen Erfahrung), dass sie in manchen Fällen zu weit von der realen Welt abdriften. Speziell gilt das für Leute, welche vielleicht noch nie in einem Büro einen „Job" gemacht haben, sondern mehr oder weniger ihr ganzes Leben als Künstler bzw. Musiker verbrachten.

Eine Musikerin, welche ich persönlich kenne, sagte bei einem Treffen einmal zu mir: „Ja, Oliver, wir sind halt die Kreativen!" - dies in einer herablassenden Weise, welche die sog. „Kreativen" über alle Anderen erhebt.

Eine solche Aussage macht mich richtig wild – und zwar im negativen Sinne. Allerdings habe ich mich dazumal leider zurückgehalten. Der Unterton dieser Aussage war einfach sehr wertend, bzw. abwertend denen gegenüber, welche zum Beispiel die Kanalisation reinigen oder unseren Müll wegbringen oder eben einen guten Job in einem Büro machen.

Wenn wir's hart auf hart sehen wollen: Der Müllmann ist essentiell wohl wichtiger, als der Musiklehrer, denn fehlt der Müllmann, wird's innerhalb kurzer Zeit ziemlich eklig. Auf Musiklehrer könnten wir doch schon mal, auch wenn mich diese Aussage fast schon schmerzt, verzichten. Die Welt wäre wohl etwas weniger schön, aber rein funktional kann ich mit dieser Aussage schweren Herzens leben!

Wenn dein Musiklehrer also allzu sehr in die Richtung „ICH grosser Künstler" gehen sollte, dann hat er eben den Boden unter den Füssen schon etwas zu sehr verloren.

Der betont intellektuelle Lehrer

Dieser Lehrer ist mit dem „Künstler als Lehrer" verwandt. Der betont intellektuelle Lehrer muss dir unbedingt zeigen, dass er irgendwann mal ein paar Jahre an einer Musikhochschule verbracht hat, intellektuell ist, er identifiziert sich auch so. Ihn erkennst du beispielsweise oft schon an seinen Formulierungen auf seiner Website, welche ihn meist auch so darstellt: Der hochintellektuelle Denker abseits des Weltlichen, dafür in voller Hingabe zur Kunst und der eben „besseren Welt".
Dieser Lehrer kann, ohne es selbst wahr zu nehmen, Mühe haben, sich auf seine Schüler und deren Bedürfnisse einzulassen, da er sich zu oft im Zentrum des Geschehens im Musikunterricht sieht.

Der Rockstar als Lehrer

Je nach Instrument und unterrichtetem Musikstil ist das Risiko, auf einen solchen Lehrer zu treffen, überdurchschnittlich hoch.

Als Gitarrenlehrer unterrichte ich auch E-Gitarre, und dies ist leider immer noch ein durch übertrieben dargestellte männliche Ideale und Idole geprägtes Instrument.

Manchmal hat ein „Rock-Gitarrenlehrer" folgende Geschichte:

Als Anfänger bewunderte er immer die grossen Gitarrenstars, welche sich oft auch noch eher arrogant zeigten (oder hast du auf einem Heavy-Metal-Cover schon mal nett lächelnde Musiker gesehen?). Das waren seine Vorbilder und er hätte alles dafür getan auch mal so zu sein. Nach über 10 Jahren des Übens kann der aufstrebende Gitarrist tatsächlich einiges und verlangt von seinen Zuhörern die gleiche Vergötterung – und somit auch von seinen Schülern.

Der Schüler darf in den Lektionen dann auch jeweils den Lehrer bewundern, wie dieser in überlangen Solos seine unerreichbaren Fähigkeiten zur Schau stellt.

Ausser ein paar Teenagern wird diese Art von Unterricht kaum jemand wollen. Eine vertrauensvolle Beziehung des Schüler-Lehrerteams ist so kaum aufzubauen. Ein (geistig) erwachsener Schüler wird sich wahrscheinlich fragen, auf welchem Planet denn dieser Lehrer wohnt und wann sich bei diesem der Übergang zu erwachsenen Persönlichkeitsstrukturen zeigen wird.

Der allwissende Lehrer

Zu wissen, was man weiss, und zu wissen, was man tut, das ist Wissen.

- Konfuzius

Dieser Lehrer glaubt, dass er allwissend und fast allkönnend ist, oder er will seine Schüler das mindestens glauben machen.

Hier gibt es oft absolute Aussagen wie:

„Da ich über Jahre 10 Stunden pro Tag geübt habe und mir dabei alle möglichen Probleme und die dazugehörigen Lösungen begegnet sind, bin ich genau der richtige Lehrer für dich! Ich habe die Lösungen für all deine Probleme!"

Diese Aussage alleine deklassiert den Lehrer als solchen bzw. im Verständnis, wie Menschen funktionieren, denn jeder Mensch funktioniert anders – und einige sogar ganz anders.

Es ist eine Tatsache, dass nicht jeder Mensch den exakt gleichen Problemen begegnet. Aber das genau impliziert die obige Aussage: *„Ich habe alle möglichen Probleme für mich gelöst, also kann ich das auch für dich tun."*

Falls ein Lehrer das wirklich glaubt, verfolgt er einen ganz falschen Grundansatz und wird nicht wirklich ein guter Lehrer sein können. Zusätzlich glaubt der Lehrer ja offenbar schon, dass es für ihn gar nichts mehr zu lernen gibt, da er ja schon alles weiss. Diesen allwissenden Menschen gibt es aber (zum Glück) nicht. Der „allwissende" Lehrer hat ein nicht mit der Realität übereinstimmendes Selbstbild, was seine Fähigkeit objektiv und neutral zu unterrichten, beschränkt.

Falls der Schüler etwas nicht versteht oder nicht so umsetzen kann, wie der Lehrer sich das vorstellt, wird dieser einfach zur Folgerung kommen: *Dieser Schüler ist halt' nicht so talentiert wie ich, darum braucht er länger.* In Wirklichkeit stellt sich der Lehrer jedoch nicht seiner Aufgabe die „WARUM – Frage" zu stellen:

WARUM erscheint mir der Schüler in diesem Bereich weniger talentiert?

Hier würde die eigentliche Aufgabe des Lehrers eigentlich erst beginnen: Aber unser allwissender Lehrer macht einfach den Schüler dafür verantwortlich, nicht so wie (vom Lehrer) erwartet ans Ziel zu kommen. Der Lehrer sucht nicht nach tieferen

Erklärungen und versucht nicht neue Lösungsansätze zu entwickeln.

Der vorwurfsvolle Lehrer

> *Die Autorität des Lehrers schadet oft denen, die lernen wollen.*
>
> *- Marcus Tullius Cicero*

Der vorwurfsvolle Lehrer entzieht sich seiner Verantwortung als Lehrer – speziell in Fällen seiner Überforderung. Tatsächlich nimmt er dies nicht unbedingt bewusst wahr – dazu ein praktisches Beispiel:

Eine Schülerin, welche schon Gitarrenunterricht hatte, kam zu mir und erzählte mir, dass sie einen Gitarristen getroffen habe, welcher sehr gut spielt. Dies weckte in ihr das Bedürfnis, das Gitarrenspiel ebenfalls zu erlernen, weshalb sie ihn darauf ansprach. Er erwiderte, dass wenn sie Unterricht möchte, sie zum besten Gitarristen – nämlich zu ihm - kommen solle, dann wäre alles möglich.

Einige Menschen besitzen das Talent, solche Aussagen (die auch noch unseren Wünschen entsprechen) in einer Art zu machen, dass wir ihnen wirklich glauben. Doch nun weiter in der Geschichte.

Gesagt, getan fand sich die Schülerin in seinem Unterricht wieder, wobei es sich offenbar schnell zeigte, dass die Schülerin nicht so talentiert war. Der Lehrer zeigte ihr wiederholt, wie Achtelnoten schön gleichmässig zu spielen seien, aber die Schülerin „punktierte diese" (nach Aussage des Lehrers). Der Druck des

Lehrers auf die Schülerin wurde immer grösser und gipfelte in mehrfach wiederholten Aussagen wie: *„Ich hab' dir jetzt schon zehn Mal gesagt, dass du die Achtel nicht punktieren sollst!"*

Nach zehn Lektionen und vielen weiteren Vorwürfen war es der Schülerin immer noch nicht möglich, die Achtelnoten wie verlangt zu spielen – und die Lektionen wurden immer mehr zur emotionalen Last (zumindest für die Schülerin, wohl aber auch für den Lehrer). Obwohl sie weitere zehn Lektionen vorausbezahlte, besuchte sie nur eine Lektion und beendete dann den Unterricht. Am Rande bemerkt: Sie erhielt für die schon bezahlten neun Lektionen kein Geld zurück – nicht mal einen Anteil!

Hier meine Analyse dieser traurigen Episode:

Die Vorwürfe des Lehrers bedeuteten eigentlich nichts anderes als ein Zugeständnis, dass er keine Mittel in der Hand hatte, das Problem der Schülerin zu lösen. Dies kann einem Lehrer passieren, jedoch sollte sich der Lehrer das auch eingestehen können und nicht durch billige Schuldzuweisungen (in Richtung der Schülerin) kompensieren.

Hätte der Lehrer die musikalische Vorgeschichte der Schülerin sauber abgeklärt bzw. diese richtig interpretiert, hätte er gemerkt, dass sie schon seit Jahren Blues-Harp spielt. Im Blues werden die Achtel jedoch nicht „gerade" (binär), sondern eben genau so wie sie die Schülerin gespielt hat (ternär), gespielt. Die Schülerin hatte über die Jahre einfach eine „innere Präferenz" für diese Spielweise der Achtelnoten entwickelt – was für mich normal und naheliegend ist, denn die andere Art der Spielweise hatte sie ja gar nie praktiziert.

Zudem: Hätte der Lehrer eine formale Musikausbildung besessen, hätte er der Schülerin nicht gesagt, dass die die Noten „punktiere", weil dies eine eher irreführende Bezeichnung ist, welche in der Praxis zwar hie und da Verwendung findet, jedoch nicht als eindeutige Bezeichnung geeignet ist.

Die Lösung des Problems:

Wenn ein Mensch Achtelnoten, so wie meine Schülerin, „geshuffelt" spielt, dann hat das mit dem Groove, dem Feeling zu tun. Hier stellt sich für mich die Frage, welche Gefühle mit solchen geshuffelten Achteln und dann auch mit den gewünschten „geraden" bzw. „binären" Achteln in Verbindung stehen. Das Gefühl für die geshuffelten Achtel musste ich der Schülerin nicht mehr beibringen, denn diese Achtel spielte sie ja schon die ganze Zeit. Geshuffelte Achtel tönen weich, relaxed, laid back, während die binären Achtel im Vergleich eher treibend, präzise und hart wirken. Dazu fielen mir Soldaten im Gleichschritt / Marsch ein. Nachdem ich der Schülerin dieses Bild vermittelt hatte, zählte ich etwas militärisch 1 + 2 + 3 + 4 +, liess die Schülerin mitzählen, setzte mit dem Spielen ein und die Schülerin spielte mit mir praktisch auf Anhieb schöne gerade Achtelnoten. Zum Abschluss und zur Vertiefung spielten wir zuerst zusammen, danach meine Schülerin alleine abwechselnd gerade und geshuffelte Achtel. Problem gelöst!

Natürlich waren wir beide sehr glücklich, dass das „Problem" so schnell gelöst werden konnte, womit der Fortsetzung des Unterrichts nichts im Wege stand.

Marketing und Musikunterricht

Wer dem Sirenengesang der Werbung widersteht, ist mündiger Bürger. Und gefährdet Arbeitsplätze.

- Oliver Hassencamp

Marketing gibt es auch im Musikunterricht – und einige Lehrer haben das auch schon gemerkt. Ich finde das ein heikles Thema, denn im Marketing will ich alles möglichst einfach darstellen, und es ist nie neutral, weil man die negativen Aspekte natürlich gar nicht erwähnen will, hingegen werden die positiven Aspekte eines Angebots oft unverhältnismässig überbetont.

In meinem Unterricht ist es mir sehr wichtig, dass ich eine Vertrauensbasis schaffe und ich das Vertrauen meiner Schüler *nie* enttäusche – sonst funktioniert mein Unterricht schlicht nicht mehr. Ich muss im Auftrag des Schülers Entscheidungen für sein Wohl treffen und, falls nötig, meine Ansprüche dabei zurückhalten – auch wenn sich das für mich unter Umständen sogar negativ auswirkt.

Einseitige Darstellungen setzen sich fort bis zur Irreführung oder sogar Lüge: Wenn ich weiss, dass sich mein Kosmetikprodukt mit der Aufschrift „Natural" 20 % mehr verkauft, dann schreib' ich das halt drauf – und füge 0.5 % eines natürlichen Extrakts hinzu. Superdeal! Nur: Was ist eigentlich genau der Vorteil des Kunden bei 0.5 % natürlichen Extrakten und 99.5 % Chemie? Wohl 0.5 % weniger Chemie – zu einem unverhältnismässig höheren Preis.

Ich empfehle dir, kritisch zu sein, wenn du auf einer Website solche Anzeichen entdeckst. Weitere Beispiele:

- Auch du kannst..
- Jeder kann...

Solche Formulierungen richten sich eher an Leute, welche von sich glauben, es eben nicht zu können, es sich gar nicht zutrauen. Gerne verkauft man diesen Menschen nochmals einen Kurs, den sie dann nach kurzer Zeit beiseite legen. *Diese Menschen sind es ja schon gewohnt, nicht erfolgreich zu sein, also spielt einmal mehr ja auch keine Rolle mehr* - ist wohl hier die marketingtechnische Idee dahinter.

- Diese 10 ultimativen Tipps werden dich...

Es gibt viele nützliche Tipps, das ist richtig, aber warum sind es immer deren 10? Ernsthaft: Durch 10 Tipps hat noch niemand gelernt, ein Instrument zu spielen. Und natürlich tönt es immer besser, Superlativen wie „Super", „Ultimativ" zu verwenden oder normale Tipps als Geheimtipps zu verkaufen – da wird der potentielle Kunde doch mal so richtig neugierig gemacht.

- Du lernst alles in nur 10 Lektionen...

Niemand lernt alles – und schon gar nicht in 10 Lektionen. Aber nichts spricht gegen einen Kurs, der halt aus 10 Lektionen besteht – tönt nur marketingtechnisch nicht so toll.

- Nur bei mir...

Wenn jemand behauptet „Nur bei mir..." müsste diese Person ja jeden anderen Unterricht (bzw. jede Art des Unterrichts) kennen – das tut aber niemand. Hier ist es also mehr als nur fragwürdig, ob diese Aussage auch schon im Ansatz stimmt.

- Die beste Art, das Instrument XY zu lernen...

„Die beste Art das..." - heisst, dass ich als Lehrer sämtliche Arten des Unterrichts kenne, studiert habe und auch in der Praxis ausführlich erprobt und verglichen habe. Das kann wohl niemand von sich behaupten. Auch die Interpretation von erzielten Resultaten ist oft mindestens teilweise subjektiv, da objektive Vergleichsparameter (Methode A zu Methode B) fehlen.

Daher gilt es eine kritische Offenheit gegenüber Marketingversprechungen zu bewahren – und sich objektiv zu fragen, weshalb nun gerade auf diese oder jene Art und Weise geworben wird.

In Vergleichslisten sieht man immer wieder, dass verschiedene Unterrichtsarten miteinander verglichen werden. Das ist an und für sich eine gute Sache. Allerdings ist das Ganze auch von der ehrlichen Auslegung des Autors der Liste abhängig – und wichtige negative Punkte werden häufig einfach „aussen vor" gelassen oder abgeschwächt dargestellt - schliesslich will man ja verkaufen und nicht eine Analyse der Schwächen des eigenen Unterrichtkonzepts abliefern. Auch fällt mir bei solchen Listen auf, dass sie keine Gewichtung enthalten: Aber es gibt wichtigere Punkte und weniger wichtige Punkte. Im Marketing ist es jedoch üblich, mit möglichst vielen schönen grünen Häkchen die eigene Methode als die gegenüber anderen Methoden überlegene darzustellen.

Die „Alles ist möglich" - Fraktion

Obwohl ich ein starker Vertreter davon bin, dass vieles möglich ist – meiner Meinung nach meist sogar mehr, als wir gedacht haben - betrachte ich die „Alles ist möglich" - Fraktion klar der Esoterik zugehörig. Gerne mache ich ein extremes Gedankenexperiment, um meine Aussage zu verdeutlichen:

Ein völlig untrainierter Senior (70-Jährig) möchte im 10km Lauf ein Elite-Resultat erreichen – also auf Spitzenniveau. Dies ist schlicht nicht möglich. Entsprechend seines Alters befindet er sich in einer möglichen Leistungsbandbreite innerhalb der er sich bewegen kann. Viel interessanter wäre es, zu untersuchen, weshalb sich jemand im oberen Bereich dieser Bandbreite bewegt und jemand anders im unteren. Man kann dann versuchen, die dabei gewonnenen Erkenntnisse in seine eigenen Verhaltensmuster einfliessen zu lassen und so seine „Leistung" zu verbessern. Aber das ist ein anderes Thema.

Natürlich gibt es immer Ausnahmen, welche uns das Gegenteil beweisen. Zum Beispiel stellte eine Studie fest: „Die kognitive Leistung von 60 bis 70-Jährigen nimmt im Verlauf der Zeit (10 Jahre Beobachtungsdauer) ab." Allerdings wurde bei ca. 8 % der Testteilnehmer festgestellt, dass sie ihre kognitiven Fähigkeiten über mehrere Jahre halten oder gar ausbauen konnten. Hier wäre es wiederum interessant zu erfahren, warum das so ist, wenn wir auch zu denjenigen gehören möchten, denen das gelingt. Siehe dazu Teil II dieses Buches, Abschnitt „Dein Alter als Lernende/r".

Zweifelhaftes Web-Marketing – Praxisbeispiel 1

Meine Frau Deniz erstellt als Fotografin von mir gelegentlich Fotos, welche bei verschiedenen Agenturen platziert werden. Von mir wurde ein solches Foto verkauft, welches mich mit einem E-Bass zeigt und Deniz zeigte mir, wo dieses Verwendung fand: Ich wurde als Referenz auf einer Website einer amerikanischen Musikschule, als Schüler mit einem „von mir" stammenden Zitat und einem fiktiven Namen vorgestellt. Das heisst, dass das Zitat vermutlich von der Schulleitung stammt und wohl auch alle anderen Schüler, welche ebenfalls auf der Website zu finden waren, auch keine Schüler dieser Musikschule sind.

Ich verstehe natürlich, was da gemacht wurde: Es ist klar, dass es einfach besser aussieht, professionelle Fotos auf der Website zu haben. Aber auf der anderen Seite soll diese Webpage zeigen, wie zufrieden und glücklich die Schüler der Schule sind. Wenn sich jetzt ein realer Schüler aufgrund dieser Page bei der Schule meldet, ist das Fundament der „Schüler–Schule–Beziehung" eigentlich eine Marketinglüge. Persönlich würde es mir sehr widerstreben, wenn die Beziehung zu meinen Schülern mit einer Lüge beginnen würde.

Zweifelhaftes Web-Marketing – Praxisbeispiel 2

Nicht selten treffe ich im Web auf Online-Unterrichtsformen. Onlineunterricht reicht derzeit nie an die Qualität, Flexibilität, Spontanität und Vielfältigkeit von persönlichem Einzelunterricht heran. Zum Beispiel ist ein Zusammenspiel mit dem Lehrer aufgrund der meist zu hohen Latenzzeiten der Datenübertragung ohne spezielle Datenübertragungsprotokolle kaum möglich. Diese ganze lebendige Qualität des Zusammenspiels geht bei solchen Onlineunterrichtsformen also meist verloren. Dies ist auch bei Live-Chats (wie z.B. Skype) so, da die Übertragungszeiten ein gemeinsames Spiel bisher verhinderten. Die meisten sich auf dem Markt befindlichen Angebote, die uns eine brauchbar niedrige

Latenzzeit versprechen, bedienen sich spezieller Hardware, das wäre allenfalls zu versuchen.

Nun setzen Onlinekurse manchmal vergleichende Tabellen ins Netz, welche diesen klar als im Vorteil gegenüber persönlichem Privatunterricht zeigen. Das heisst, die Bewertung wird nicht selten mal zum eigenen Vorteil zurechtgerückt. Niemand spricht in diesen Angeboten an, dass der Schüler beispielsweise nicht mit dem Lehrer gemeinsam spielen kann – was meiner Erfahrung nach dem Schüler sehr viel bringt.

Persönlich bin ich der Meinung, dass man auch ein Onlineprodukt fair, mit allen seinen Vor- und Nachteilen, im Web darstellen sollte, sodass die potentiellen Schüler wirklich wissen, woran sie sind. Umsatztechnisch wird man wahrscheinlich nicht das Optimum (Gewinnmaximierung) rausholen können, aber die Kunden werden es zu schätzen wissen, wenn sie sich auf ihren Online-Lehrer verlassen können.

Und hier liegt oft das Problem: Man stellt die kurzfristige Gewinnmaximierung in den Vordergrund, alle anderen Faktoren sind dem oft (zu) untergeordnet. Das kennen wir aber nicht nur im Musikunterricht.

Die Eigeninteressen des Lehrers / Regeln

Jeder Lehrer sollte sich bewusst machen, welche Eigeninteressen bei ihm bestehen. Dies ist wichtig, um ethische Grundsätze des Unterrichtens objektiv und möglichst in jeder Situation anwenden zu können. Die Schüler sollten ehrlich beraten werden, auch wenn Eigeninteressen des Lehrers mit den Ansprüchen des Schülers konkurrenzieren – Thema: „Der selbstlose Lehrer".

Die Eigeninteressen des Lehrers sollten in ein Unterrichtsreglement eingehen, welches die Rechte und Pflichten des Lehrers und seiner Schüler klar definiert. Somit gibt es keine Bauchentscheidungen, allenfalls zum Nachteil eines Schülers. Dazu gehört auch die Beratung des Schülers:

Wenn der Lehrer merkt, dass er einen Teil des Reglements positiv für den Schüler auslegen kann (und dieser das nicht weiss), dann ist dies dem Schüler mitzuteilen und das Reglement natürlich zu Gunsten des Schülers anzuwenden. Damit wird das Vertrauensverhältnis gefestigt und der Schüler weiss, dass er in jeder Situation auf den Lehrer zählen kann – sogar wenn eine Entscheidung zu dessen Ungunsten ausfällt.

Ein typischerweise oft vorhandenes Eigeninteresse des Lehrers ist es, eine bestimmte Anzahl Lektionen zu belegen, denn schliesslich bestreitet der Lehrer seinen Lebensunterhalt über die durch die Schüler entrichteten Honorare. Die wesentliche Frage ist nun, wie sich der Lehrer verhält, wenn er merkt, dass er seine Belegungsziele nicht erreicht.

Dafür sollte es einen „Plan B" geben, welcher dann zur Anwendung gelangt, wenn der Lehrer sein gewünschtes Pensum / Einkommen nicht erzielt.

In meiner Übergangszeit zum Vollzeitgitarrenlehrer hatte ich beispielsweise zu diesem Zweck im IT-Bereich ein zweites Standbein aufgebaut.

Persönlich habe ich das Glück, dass ich meine Belegungsziele praktisch immer erreicht sehe – ich würde sagen, dass meine Auslastung meist zwischen 100 – 120 % liegt.

Dazu eine kleine Geschichte aus meiner eigenen Praxis:

Vor einiger Zeit habe ich eine webbasierte Software entwickelt, welche Schüler online in ihrem technischen Vorankommen unterstützen sollte. Der Arbeitsaufwand umfasste ungefähr 1000 Stunden, weshalb ich mich entschloss, meine Auslastung durch Unterricht auf 80 – 90 % zu reduzieren.

Nachdem das Projekt abgeschlossen war, passierte das, was etwa alle 2 Jahre ein- bis zweimal vorkommen kann: Innerhalb einer kurzen Zeit verlässt eine grössere Anzahl Schüler den Unterricht. Wenn dies gepaart mit einem schwachen Zulauf neuer Schüler auftritt, ergibt sich eine Auslastung zwischen 60 – 70 %, was in meinem Fall den Lebensunterhalt langfristig nicht mehr sicherstellt. Es kann wenige Monate bis zu einem guten Jahr dauern, bis man wieder auf die alte Auslastung kommt.

Natürlich kann man als Lehrer seinen Lebensstandard seiner neuen Einkommenssituation anpassen oder auch versuchen, seine Schüler längerfristig an sich zu binden, indem beispielsweise die Kündigungsfristen verlängert werden. Beides liegt mir persönlich nicht, speziell nicht die Ausweitung der Kündigungsfristen, da ich der Meinung bin, dass man ziehende Vögel auch ziehen lassen sollte.

In meinem Fall war dieser Umsatz- und damit auch Einkommenseinbruch nicht problematisch, weil ich die Jahre vorher ja eine Auslastung von über 100 % hatte – also in gewisser Weise eine Reserve geschaffen hatte.

Wenn ein Lehrer keine Reserven schaffen kann, dann sollte er weitere Einnahmequellen erschliessen. Diese müssen nicht unbedingt etwas mit Musik zu tun haben. Über genügend Mittel zu verfügen, macht einen Menschen nicht einfach „ethischer", aber es ist eine gute Grundlage, um ethisch zu bleiben. Natürlich gibt es auch die uns allen bekannte menschliche Gier, welche bekannterweise keine Grenzen kennt.

Das Lehrerhonorar

Allgemeine Überlegungen zu Lehrerhonoraren

Immer wieder kann man im Internet die verschiedensten Meinungen über Lehrerhonorare lesen. Die einen finden den Unterricht „einfach nur zu teuer", während andere die Marktpreise angemessen finden.

Ich möchte hier jedoch noch tiefer in dieses Thema schauen und Fragen stellen dürfen. Fragen wie: Warum ist es machmal so, dass ein Autodidakt, welcher Musikunterricht erteilt, das selbe Honorar verlangt, wie ein erfahrener ausgebildeter Lehrer? Warum kann es sein, dass ein Studienabgänger (= Berufsanfänger) als Privatlehrer manchmal schon mit einem Maximalhonorar einsteigt, obwohl das in der sonstigen Wirtschaft gegen alle Entlöhnungsgewohnheiten verstösst?

In welcher Zeit der Lehrer wie viel verdienen muss

Im Allgemeinen muss bei einem Lehrerhonorar beachtet werden, dass es sich hier um dem Umsatz und nicht den Verdienst handelt. Der Jahresumsatz eines Lehrers wird während 11 Monaten des Jahres (bei 4 Wochen Ferien) erwirtschaftet, wobei auch die Schüler noch Ferienabsenzen haben werden – was oft darin resultiert, dass ein Lehrer seinen Umsatz effektiv während ca. 10 bis 10.5 Monaten erwirtschaftet. Möchte er sich einen 13 Monatslohn ausbezahlen, wird er diesen ebenfalls während diesen effektiven 10.5 Monaten erarbeiten müssen.

Vom Jahresumsatz wird der selbständige Lehrer zirka 30 – 40 % abziehen müssen, weil er als Selbständiger natürlich auch für seine Sozialversicherungen alleine aufkommen muss, und ein gewisser Anteil auch noch an Berufsversicherungen, Berufsauslagen und Miete des Unterrichtslokals geht.

Ich würde Lehrern auch empfehlen, ihr Einkommen so zu berechnen, dass sie einige Prozente ihrer Einkünfte zurückstellen können. Dies für irgendwann kommende schwache Auslastung, damit man in dieser Situation ruhig und gelassen Gegenmassnahmen treffen kann – gestützt durch das aufgebaute finanzielle Polster.

Aufgrund dieser Überlegungen kann ich sagen, dass zu günstig anbietende Lehrer irgendwo Abstriche machen müssen. Einige vernachlässigen ihre Altersvorsorge, andere versuchen, nicht ihre ganzen Einnahmen zu versteuern – was irgendwann den Fiskus auf die Plätze ruft.
Grundsätzlich sehe ich es so, dass Lehrer welche die Versteuerung nicht sauber handhaben, sich eigentlich indirekt von der Allgemeinheit subventionieren lassen: Wenn genügend Selbständige Steuern hinterziehen, steigt der Steuerfuss – und wer will denn das?

Pünktliche Bezahlung des Lehrerhonorars

Es gibt auch nicht selten Lehrer, welche von ihren Schülern Barzahlung erwarten – oft mit dem Vorwand, dass die Schüler dann sicher bezahlen. Tatsächlich kenne ich Lehrer, welche ihrem verdienten Geld nachlaufen müssen, jedoch passiert das bei mir nur ausnahmsweise. Einerseits weil die Schüler eine monatliche Vorauszahlung leisten, andererseits ermutige ich die Schüler, einen Dauerauftrag aufzusetzen. Bei einer zu späten Bezahlung verteuert sich der Lektionspreis um ca. 10 %, was bei den meisten Schülern als Motivation wirkt, ihre Lektionen pünktlich zu bezahlen.

Allenfalls muss in einem Einzelfall freundlich, jedoch deutlich definiert werden, was die Erwartungen an eine pünktliche Bezahlung sind, dann klappt's mit der pünktlichen Bezahlung auch bei über 90 % der Schüler problemlos.

Jedem Menschen kann es passieren, dass er eine Rechnung zu bezahlen vergisst oder nicht den terminlichen Erwartungen entsprechend begleicht – das ist nichts als menschlich.
Im Musikunterricht ist die Situation nach meinem Empfinden jedoch noch etwas intimer, denn wenn ein Schüler mit Regelmässigkeit nicht pünktlich bezahlt oder immer wieder daran erinnert werden muss, dann kann sich das unter Umständen (unbewusst) negativ auf den Unterricht auswirken. Der Lehrer könnte denken, dass der Schüler zwar in der Lage ist pünktlich im Unterricht zu erscheinen, bei der Zahlung jedoch die Priorität nicht so hoch zu sein scheint.

Natürlich muss der Lehrer im Einzelfall entscheiden, wie er die Situation bewertet, jedoch sollten Verstimmungen vermieden werden. Wenn der Lehrer bei Zahlung bis zu einem bestimmten

Datum einen Abzug gewährt, kann die Situation etwas entschärft werden, denn ein zu spätes Zahlen bringt dann dem Lehrer ein bisschen mehr Umsatz. Ich persönlich sehe das aber eher als eine Risikoprämie: Zahlt ein Schüler zu spät, ist er unternehmerisch für mich ein höheres Risiko. Mit der Bezahlung dieser „Risikoprämie" wird das Risiko eigentlich so weit minimiert, dass sich der Lehrer keine Gedanken mehr zu machen braucht.

Falls der Lehrer sich trotzdem Gedanken macht, stellt sich auch die Frage des Vertrauens. Ich liebe es, Menschen zu vertrauen, nicht überprüfen zu müssen – aber ich mag es gar nicht, wenn ich mich gezwungen sehe, einen Menschen aufgrund seines Verhaltens zu überwachen.

Darum meine Bitte an alle Musikschüler, die Lehrerhonorare korrekt und pünktlich zu entrichten: Alles andere kann sich u.U. eben negativ auswirken. Besonders wichtig erschient mir dabei die erste Honorarentrichtung – sie kann allenfalls als einen Teil der persönlichen Visitenkarte des Schülers wahrgenommen werden.

Selbstbestimmte Honorare

Die Honorare auf dem Markt werden von den Schulen bzw. Privatlehrern selbst festgelegt. Eine Schule wird für ihre Lehrer natürlich einheitliche Honorare vorgeben, was der Lehrererfahrung und Qualität des Unterrichts allerdings gar keine Rechnung trägt.

Tatsächlich gibt es wohl Richtlinien, aber eigentlich muss man zugeben, dass die Honorargestaltung bei Musiklehrern nicht unbedingt von der Unterrichtsgüte abhängt, sondern in der Praxis noch ganz andere Aspekte definierend wirken.

Honorare und Erfahrung

Ich habe schon als Musikstudent an einer privaten Musikschule unterrichtet und sowohl meine Entlöhnung als auch der Preis pro Lektion hatten dieselbe Höhe, verglichen mit Lehrern, die ungleich mehr Unterrichtserfahrung hatten.

Das heisst, dass ein Studienabgänger direkt ein relativ hohes Honorar verlangen kann, auch wenn er die entsprechende Erfahrung noch gar nicht hat. Und die Erfahrung des Lehrers ist einer der Schlüssel für einen erfolgreichen Musikunterricht.

Ich habe mein Honorar immer dann angehoben, wenn ich festgestellt hatte, dass ich meinen Schülern klar mehr bieten kann, als vor ein paar Jahren. Auch habe ich mich gefragt, ob dieser Preis tatsächlich realistisch sei – oder ob ich fühle, dass er zu hoch sei. Alle fünf Jahre kann man z.B. auch die Teuerung überprüfen und allenfalls eine Anpassung des Tarifs vornehmen.

Oft kommt es auch vor, dass sich jemand nach dem Studium in keiner Weise mehr weiterbildet, sein Honorar ist aber auf dem Stand, als wenn der Lehrer sich aktiv weiterentwickeln würde. Dies kann man auch in der Wirtschaft beobachten, es ist ein Problem, welches auftritt, wenn Menschen völlig unreguliert ihr eigenes Salär bestimmen können. Beim Musikunterricht gibt es jedoch Marktpreise, welche die Honorare gegen oben begrenzen.

Bei Autodidakten sollten die Honorare in aller Regel deutlich reduziert sein. Hier kann der Status des Gitarristen zwar eine Rolle spielen, z.B. könnte ein Musiker in einer bekannten Band spielen – aber effektiv ist das gar kein Vorteil, denn was genau bringt das für den Unterricht? Dieser Lehrer ist, ganz genau betrachtet, ein Teilzeitlehrer, welcher nicht seine ganze Energie in den Unterricht investieren kann und will und einfach aufgrund seines Status besser bezahlt wird – auch wenn seine Unterrichtsqualität seinem Honorar gar nicht entspricht.

Honorare und Schüleranzahl

Manchmal denken wir, dass dieser „relativ teure Unterricht" ja gut sein müsse, denn andere Menschen besuchen und bezahlen ihn ja auch. Wenn der Lehrer sein angestrebtes Pensum nicht füllen könnte, würde er folglich ein tieferes Honorar verlangen.

Das ist ein guter Einstiegsgedanke, jedoch wird dabei eine wichtige Variable ausser Acht gelassen: Nicht jeder Lehrer strebt die gleiche Schüleranzahl an!

Ein Lehrer strebt vierzig Lektionen in der Woche an, ein anderer nur zehn Lektionen.

Es ist schwierig zu relativ hohen Honoraren vierzig Schüler zu finden, aber bei zehn Schülern im Bereich des Möglichen – auch wenn die Unterrichtsqualität nicht wirklich gut ist.

Eine Aussage könnten wir eher machen, wenn wir wüssten, dass ein Lehrer zu eher hohen Preisen eine hohe Schüleranzahl hat, denn sein Zulauf an Schülern müsste relativ niedrig sein, verglichen mit einem viel tiefer offerierenden Lehrer. Ist der Lehrer jedoch trotz höheren Preisen ausgebucht, spricht das wohl für seine Qualität, denn offenbar bleiben ihm seine Schüler im Durchschnitt länger treu.

Der Unterrichtsort

Vielen Schülern ist es wichtig, dass sich der Unterrichtsort möglichst in ihrer Nähe befindet, was durchaus verständlich ist.

Wenn man aber in Betracht zieht, dass der überdurchschnittlich „gute Lehrer" dem Schüler viel mehr geben kann, als der durchschnittliche oder gar der unterdurchschnittliche Lehrer, stellt sich natürlich die Frage, ob es sich wohl lohnt, einen längeren Anfahrtsweg in Kauf zu nehmen.

Dabei sollte beachtet werden, dass 50 % der Lehrer überdurchschnittlichen Unterricht anbieten, die anderen unterdurchschnittlichen. Eine kleine Gruppe von 5 – 10 % wird dir einen exzellenten Unterricht anbieten können – einen Unterricht, den du nicht überall findest!

Falls du zum Beispiel Klavier lernen möchtest, kannst du dich nun umschauen und fragen, wie viele Klavierlehrer es in deiner unmittelbaren Umgebung überhaupt gibt. Hast du die Auswahl von 10 – 20 Lehrern oder ist die Auswahl kleiner?

Falls es in deiner näheren Umgebung gerade mal 2 Lehrer gibt, kannst du erkennen, dass die Wahrscheinlichkeit einen exzellenten Lehrer zu finden, in deiner Umgebung ca. Bei 10 – 20 Prozent liegt.

Deinen Lehrer über das Internet finden

Ich empfehle dir sehr, deinen zukünftigen Lehrer über das Internet zu finden.

Jede Firma hat eine Internetpräsenz und auch ein Musiklehrer ist eine Firma. Falls ein Musiklehrer keine Website hat, habe ich persönlich gewisse Zweifel, wie fortschrittlich dieser Unterricht denn überhaupt ist, ob sich der Lehrer regelmässig weiterbildet, und wie viel der Lehrer überhaupt bereit ist, in seinen Unterricht zu investieren.

Eine Internetpräsenz zeigt dir auch, wie wichtig dem Lehrer sein Unterricht ist: Handelt es sich um eine Website, die den Lehrer hauptsächlich als Musiker zeigt, seine Projekte vorstellt und der Unterricht spielt nur nebenbei eine Rolle – oder widmet der Lehrer die ganze Website nur seinem Unterricht?

Ein weiteres Indiz ist der Umfang der Website: Handelt es sich um eine Handvoll Seiten oder um eine relativ umfangreiche Sammlung von Informationen, welche der Lehrer der Gitarrenwelt kostenlos zur Verfügung stellt?

Selbst habe ich hunderte Stunden in den Aufbau meiner Website inkl. Loginbereich für die Schülerlektionsverwaltung mit Schülerzugriff investiert. Mit diesem Aufwand tue ich nicht nur etwas Gutes für meine Schüler und an Musik- bzw. Gitarrenunterricht interessierten Menschen, sondern ich versuche, den an meinem Unterricht Interessierten auch zu zeigen, dass mir der Unterricht wichtig ist und DAS zentrale Element meines beruflichen Lebens darstellt.

TEIL II: Das Schüler-Lehrer Team im Unterricht

Die Probelektion

Nachdem du aufgrund der im Teil I gemachten Angaben einen hoffentlich zu dir passenden Lehrer gefunden hast, wird's spannend!

Du wirst deinen Lehrer nun zu einer Probelektion treffen.

In der Kommunikation vor der Probelektion stelle ich dem Schüler meist schon die Frage nach der Motivation bzw. die Frage nach dem Vorhandensein von Zielen. Dies gibt mir schon eine erste Information darüber, wohin die Reise gehen könnte. Auch „google" ich den Namen, um zu schauen, ob ich noch weitere Informationen gewinnen kann. Egal, was ich entdecke, vermeide ich, den Schüler voreilig zu kategorisieren. Wir Menschen tun das gerne, aber Einordnungen können mit Vorurteilen verbunden sein.

Bei blutigen Anfängern versuche ich als Lehrer, in der Probelektion mir ein etwas detaillierteres Bild vom Schüler zu machen, indem ich im Gespräch Informationen von ihm bekomme, und ich mich mit dem Schüler austausche.

Es interessiert mich, was den Schüler bewegt, wo seine Neigungen sind und ob (weitere) konkrete musikalische Ziele / Wünsche vorliegen. Gerne frage ich auch, wo sich der Schüler nach einem Jahr Unterricht musikalisch sieht. Ich überprüfe auch, ob die Vorstellungen des Schülers mir realistisch erscheinen, zum Beispiel unter dem Gesichtspunkt, wie viel Zeit der Schüler bereit ist, in sein neues Hobby zu investieren.

Wenn ich dabei Diskrepanzen entdecke, teile ich diese dem Schüler mit.

Aufgrund dieser Informationen beginne ich noch in der Probelektion, dem Schüler etwas beizubringen. Manchmal gebe ich auch einen kurzen Überblick über die nächsten Lektionen.

Wenn ein Schüler schon Erfahrungen hat, habe ich eine Vorgehensweise, welche ziemlich genau ermittelt, wo der Schüler bezüglich seines musikalischen Wissens und Könnens steckt. Dazu habe ich ein spezielles Formular entwickelt.

Ich überprüfe bei den Schülern mit Vorkenntnissen dann das Gelernte und fange bei falsch antrainierten Angewohnheiten unmittelbar damit an, diese mit dem Schüler zu korrigieren. Ich versuche dabei immer, zu erklären, WARUM etwas nicht gut ist und was die Konsequenzen sein können, wenn wir keine Korrektur vornehmen. Auf diese Weise involviere ich den Schüler auf eine Weise, dass er zum „Mitentwickler" wird, statt einfach irgendwelche für ihn möglicherweise sinnlosen Übungen abspult, bis sie ihm zu langweilig werden.

Persönlich ist es mir wichtig, dass ich mir möglichst schnell ein Bild der Eigenschaften des Schülers mache. Dies kann schon in der Probelektion passieren oder im Verlauf der ersten paar Lektionen. Falls es sich beim Schüler um einen sehr verschlossenen Typ handelt oder jemanden, der Mühe hat, anderen gegenüber Vertrauen aufzubauen, kann es in seltenen Fällen schwierig werden, sich ein genügend präzises Bild des Schülers zu machen und ihn auch individuell zu unterrichten oder den Unterricht auf einer Ebene des gegenseitigen Verständnisses und Vertrauens zu führen.

Wichtig für mich als Lehrer ist es, dass ich mich bei der Bildung des Schülerbildes nicht auf triviale „Wenn – Dann Schlüsse" einlasse, denn jeder Mensch ist einmalig in seiner Kombination alles dessen, was ihn ausmacht. Üblicherweise liefert mir der Schüler mannigfaltige Eindrücke, welche ich versuche, zu einem Gesamtbild zusammenzufügen. Je präziser und zutreffender dieses Gesamtbild ist, desto besser werde ich auf den Schüler eingehen können.

Kosten der Probelektion

Einige Lehrer verrechnen die Probelektion, andere wiederum nicht. Erstere stellen sich auf den Standpunkt, dass sie eine Leistung erbringen und diese auch einen entsprechenden Wert hat, welcher vom konsumierenden Schüler zu begleichen ist. Ich erachte es als transparent und notwendig, dass die Kosten der Probelektion zum Beispiel auf der Website aufgeführt sind, falls sie verrechnet werden.

Wer seine Probelektion kostenfrei anbietet, benutzt dies oft auch als Marketinginstrument und kommuniziert die kostenfreie Lektion zum Beispiel auf der Website.

Persönlich halte ich es so, dass meine Probelektionen zwar kostenfrei sind, ich das auf meiner Website jedoch absichtlich nicht kommuniziere. Damit bezwecke ich, dass möglichst keine Schüler zu mir kommen, weil sie eine Gratis-Probelektion bekommen – bzw. ich keine Schüler möchte, bei denen die kostenlose Probelektion ein Auswahlkriterium für den Lehrer ist. Dabei gilt es zu bedenken, dass der Schüler im Verlaufe eines langfristigen Unterrichts tausende Euros ausgeben wird und der durch die Gratis-Probelektion eingesparte Betrag im Vergleich geradezu verschwindend klein ist. Dies ist eine der Weichen auf meiner Website, welche mir hilft, Schüler zu finden, welche zu mir als Mensch passen – denn Menschen, welche zueinander passen, arbeiten auch besser zusammen.

Testfragen für den Lehrer

Falls du dir des Lehrers nicht sicher bist, kannst du ihm auch ein paar Fragen stellen.

Mögliche Fragen gehen in die Richtung wie er sich als Lehrer weiterbildet oder wie er versucht, die Qualität seines Unterrichts zu überprüfen/verbessern und schliesslich den Unterricht weiterzuentwickeln:

„Wie bildet sich ein Musiklehrer eigentlich weiter?"

„Wie kann ein Musiklehrer eigentlich die Qualität seines Unterrichts überprüfen?"

Oft ist es leider gerade bei Musiklehrern so, dass sie die Kategorie „Weiterbildung" fast gänzlich vernachlässigen und sich statt dessen lieber der eigenen Musikkarriere widmen. Aus Sicht des Musikers kann ich das gut verstehen, allerdings geht dieses Verhalten doch an der Realität vorbei, wo gute Ausbildung auch mit regelmässigem Engagement in der Weiterbildung verbunden ist.

Qualitätsmanagement (QM) hat praktisch überall Einzug gehalten, oft leider im Musikunterricht nicht! Der Grund ist, dass man der

Meinung ist, dass es ja geht – man auch genug Schüler hat und somit die Motivation für den Aufbau eines QM's zu klein ist. Ich bin jedoch der Meinung, dass ich als Lehrer Werkzeuge zur Verfügung haben muss, welche mir ermöglichen, meine Schwächen wahrzunehmen, damit ich an diesen arbeiten kann.

Zudem ist der Musiklehrer wohl doch eher der Künstlertyp – und oft ist es bei diesem Menschentyp so, dass einem eben QM nur schon von der Persönlichkeitsstruktur her einfach nicht liegt. Dies geht aber leider zu Lasten der Schüler.

Mein einfaches QM basiert auf einem Fragebogen, welchen ich selbst zuerst für mich ausfülle. Dies ergibt dann mein Eigenbild.

Danach gebe ich weitere dieser Fragebögen an verschiedene Schüler zur Beantwortung ab, was dann das Fremdbild ergibt.

Anschliessend vergleiche ich die Einschätzungen meiner Schüler mit meinen, was der Kontrolle meines Eigenbilds dient.

Ich fasse die Bewertungen in einer Tabelle zusammen, werte diese aus, und sehe dadurch sehr deutlich, wo es Potential zur Verbesserung gibt und kann korrigierend einwirken.

Nach der Probelektion – den Unterricht aufsetzen

Ich gehe im folgenden von einer erfolgreichen Probelektion aus – der Unterricht wird also fortgesetzt.

Unter „Aufsetzen des Unterrichts" verstehe ich die Anstrengungen, die dazu führen, dass Schüler und Lehrer sehen, dass der Unterricht in die richtige Richtung läuft, dass sie am gleichen Seil und sogar noch in die gleiche Richtung ziehen. Im einfachsten Fall passiert dies in der Probelektion – in sehr seltenen Fällen sehr viel später – und noch seltener passt das Schüler – Lehrerteam nicht zusammen – findet sich nicht.

Falls dies passiert, ist es wichtig, dass der Lehrer anspricht, dass der Unterricht noch nicht dort angekommen ist, wo er sein müsste. Er sollte dabei sicherstellen, dass dies der Schüler auch so empfindet. Sollte dies der Fall sein, ist es Zeit hier nochmals anzusetzen:

„Lieber Schüler, ich habe das Gefühl, dass du mit dem Unterricht nicht wirklich zufrieden bist – und ich bin es momentan auch noch nicht."

Wenn der Schüler ebenfalls nicht zufrieden ist, dann wirkt diese Aussage schon mal in der Weise versöhnend, dass beide Beteiligten darin übereinstimmen, dass der Unterricht noch nicht zufriedenstellend läuft. Diese Aussage hat oft teambildende Wirkung, denn die gemeinsame Aufgabe ist es nun, alles zu unternehmen, dass sich dieser Zustand ändert – wenn beide dazu bereit sind. Die meisten Schüler werden dazu bereit sein, denn der Lehrer zeigt mit seiner Initiative, dass ihm der Unterricht wirklich etwas wert ist und er den Unterricht nicht als blosses Geldvermehrungsinstrument sieht.

Auch wenn ein Lehrer mit 95 % seiner Schüler sehr kompatibel ist, jedoch mit diesem einen Schüler nicht, geht's nicht darum Schuldzuweisungen zu machen: *„Es muss an dir liegen, denn sonst habe ich solche Probleme gar nicht!"* Der Lehrer erhält die Möglichkeit, durch diesen Schüler seine Kompatibilität weiter auszubauen – sich also weiter zu entwickeln und sein Verständnis

weiter auszudehnen.
Falls es, trotz beidseitigen Versuchs, nicht gelingt, den Unterricht für Schüler und Lehrer so aufzusetzen, dass beide zufrieden sind, ist der Unterricht in gegenseitigem Einvernehmen zu beenden. Der Lehrer sollte sich dabei nicht scheuen, die Initiative zu übernehmen, denn es geht unter anderem auch darum, den Schüler nicht für Kleider zahlen zu lassen, welche ihm gar nicht passen.

Aus meiner Erfahrung als Vollzeitlehrer schätze ich, dass ich so einen Fall vielleicht einmal alle zwei Jahre erlebe.

Schlussendlich sollte ich mich als Lehrer auch wohl fühlen, damit ich den Unterricht in Ruhe und mit Übersicht lenken kann. Falls ich merke, dass ich mich nicht wohl fühle, ist es für mich keine Alternative, diesen Unterricht in einer unbefriedigenden Form mittel- / langfristig weiter zu führen, denn ich weiss, dass die Qualität darunter leiden wird. Der Schüler wird sich nicht wohl fühlen und ich mich eben auch nicht. Das tönt mir nach einer absoluten Lose-Lose Situation.

Realistische Ziele setzen

Es ist wichtig, dass wir uns realistische Ziele setzen. Es ist nicht möglich, mit einer Stunde Üben pro Tag zu einem Spitzenmusiker zu werden. Wenn ich mir jedoch dieses Ziel setze, werde ich schnell merken, dass ich mein Ziel einfach nicht erreichen kann, und ich werde dieses Ziel neu definieren müssen oder, falls die Enttäuschung zu gross ist, sogar mein Hobby aufgeben.

Ein Lehrer sollte dir helfen, darauf aufmerksam zu werden, wenn deine Ziele zu hoch gesteckt sind oder – wenn die Ziele sogar etwas tief angelegt sind, wobei letzteres kaum ein Problem

darstellt.
Meist verwende ich in meinen Probelektionen eine Checkliste. Darin enthalten sind die Punkte *Ziele* und *Zeitaufwand*. Mit diesen zwei Punkten versuche ich, abzuklären, ob die Ziele ungefähr der Zeitinvestition entsprechen, welche der Schüler bereit ist, zu tätigen. Ist dies nicht der Fall, mache ich den Schüler darauf aufmerksam und versuche, die zu investierende Zeit so gut wie möglich zu diesem Zeitpunkt zu schätzen.

Der richtige Unterrichtstag

Häufig legen die Schüler ihren Wunschunterrichtstag auf der Grundlage der zur Verfügung stehenden Zeitfenster fest, was natürlich logisch ist. Oft wird dabei jedoch ein wichtiges Kriterium zur Wahl des „besten Unterrichtstags" ausser Acht gelassen: Die Zeit, die bis zur ersten Übungseinheit Zuhause vergeht!

Ein Mensch, welcher nach einer Unterrichtseinheit mit dem Lehrer nicht innerhalb der nächsten 48 Stunden seine erste Übungseinheit belegt, vergisst ungefähr 60 bis 90 % des Gelernten. Wobei die tatsächliche Prozentzahl des Umfangs des Vergessens von verschiedenen Faktoren abhängig ist, was der Grund ist, weshalb in der Literatur verschiedene Zahlen herumgereicht werden.

Daraus leitet sich für mich folgender Schluss zur Wahl des Unterrichtstags ab: Wähle den Unterrichtstag so, dass du am folgenden Tag mit Sicherheit üben kannst. Ich empfehle meinen Schülern sogar, dass sie unmittelbar nach dem Unterricht, wenn sie Zuhause angekommen sind, einen kleinen Rückblick von ca. zehn Minuten vornehmen, um das neu Gelernte kurz zu rekapitulieren und so die neuen feinen Strukturen im Gehirn schon etwas zu festigen. Am nächsten Tag sollte dann die effektive, volle Übungseinheit folgen.

Wichtige, individuell auf den Schüler passende Informationen werden im Musikunterricht oft auch einfach noch mündlich hinzugefügt. Das sind genau die Informationen, welche wir nach 48 Stunden nicht mehr in ihrer Gesamtheit zur Verfügung haben: „Wenn Situation A eintritt, dann versuche, den Weg W1 zu gehen. Falls jedoch Situation B eintritt, versuche, den Weg W2 zu wählen. Du kannst auch versuchen, ... aber beachte dabei..."

Ein solcher Umfang an Informationen ist oft einfach zu viel, um ihn noch beliebig mit anderen Dingen zuverlässig abrufbar zu halten.

Notizen machen

In der Praxis meines Unterrichts zeigt es sich immer wieder, dass die wenigsten Schüler während des Unterrichts handschriftliche Notizen machen.

Einige wenige haben ein kleines Notizbüchlein dabei, in dem jede Lektion mit Datum aufgeführt ist. Darin werden für die Schüler wichtige, die Lektion betreffende Notizen angelegt.

Andere Schüler schreiben ihre Notizen auch direkt auf die abgegebenen Blätter, was sehr kompakt ist, solange die Notiz auch themenbezogen zum auf dem Blatt enthaltenen Thema ist. Natürlich ist dies nicht in jedem Fall zweckmässig: Wenn ich dem Schüler eine neue Lerntechnik erkläre, gehören die dazugehörigen Notizen nicht auf die Musiknotation, sondern auf ein separates Blatt. Auf diesem könnte man z.B. als praktisches Anwendungsbeispiel auf das entsprechende Notenblatt verweisen.

Sich Übungszeitfenster schaffen

Ohne regelmässiges Üben ausserhalb des Unterrichts geht praktisch gar nichts. Damit handelt es sich um ein weiteres Schlüsselelement für deinen Erfolg beim Erlernen eines Instruments.

Je nach Zielsetzung empfehle ich meinen Schülern, pro Woche mindestens zwei Stunden Nettoübungszeit einzuplanen. Die Nettoübungszeit[2] kann natürlich ein Mehrfaches davon betragen, in äusserst seltenen Fällen gegen 20 Stunden pro Woche. Hier sprechen wir aber von Semi-Pro-Ambitionen des Schülers.
Wir sprechen dabei wohlverstanden von strukturierter Übungszeit, nicht von planlosem Rumspielen oder ineffizientem „Herumgeübe". Hier ist es ein wichtiger Punkt, über eine gute Lerntechnik zu verfügen, darüber aber mehr im Abschnitt „Deine Lerntechnik".

Das erwähnte Minimalübungspensum kann je nach Schüler noch etwas variieren, jedoch nach unten nicht zu sehr.

Zeitkontrolle während dem Üben

Einige Schüler können sich während dem Üben besser konzentrieren, wenn sie nicht alle paar Minuten auf die Uhr schauen. Falls ein Schüler eine definierte Zeit für eine

---

2 Nettoübungszeit = Übungszeitpensum minus Instrument stimmen minus Instrument auspacken / zusammenpacken, also wirklich die Zeit, welche du mit üben an deinem Instrument mit Üben verbringst.

Übungssequenz hat, kann es von Vorteil sein, einfach einen Alarm zu stellen, welcher nach beispielsweise 15 Minuten anzeigt, dass die Zeit für den Übungsabschnitt abgelaufen ist – oder in wenigen Minuten ablaufen wird. So kann man versuchen, sich ein ruhiges Zeitfenster zu schaffen, welches nicht durch ständiges Überprüfen der Zeit mit den darauffolgenden Tätigkeiten verbunden ist: *Wie lange habe ich noch zum Üben? Oh, nur 10 Minuten! Nach dem Üben muss ich mich beeilen, damit ich rechtzeitig zum XYZ komme!* Dies kann mental zu Stress führen, welcher in der Musik praktisch immer kontraproduktiv ist. In der Folge nimmt die Effizienz unseres Übens ab.

Ablenkung und kleine Pausen sind im Allgemeinen gut, aber nur, wenn sie zum richtigen Zeitpunkt auftreten - sicher dann, wenn's nicht mehr weiter geht. Somit kann man sich etwas entspannen und mit Ruhe und allfälligen Korrekturen in der Lerntechnik nochmals einen Anlauf nehmen.

Zwischenmenschliches im Unterricht

Je nach Typ des Lernenden ist es für diesen mehr oder weniger wichtig, dass auch das Zwischenmenschliche im Unterricht stimmt. Dies gilt speziell für Musikunterricht, da Musik etwas sehr Persönliches ist. Mathematikunterricht involviert nicht so viele persönliche Eigenheiten wie Musikunterricht – und wenn der Unterricht fachlich / didaktisch gut ist, könnte ich mir auch Unterricht bei einem mir eher unsympathischen Lehrer vorstellen. Im Musikunterricht, speziell im Privatunterricht, kommen sich Schüler und Lehrer automatisch viel näher.

Persönlich bin ich als Lehrer (und natürlich auch als Schüler) der Typ, dem die persönliche Beziehung zum Schüler (oder Lehrer) wichtig ist. Ich habe Mühe mit einem „Ekel" von Lehrer und erwarte von einem Lehrer auch gewisse charakterliche Eigenschaften wie Ehrlichkeit, Aufrichtigkeit und würde sogar erwarten, dass ein Lehrer keine persönlichen Empfindsamkeiten (z.B. wenn er mich nicht mag) in seine Bewertungen einfliessen lässt – ich habe also gewisse Ansprüche an seine Integrität in seiner Rolle als Lehrer.

Für mich ist ein Lehrer also definitiv mehr als ein guter Wissensvermittler. Ich möchte mich als Schüler auf meinen Unterricht mit dem Lehrer freuen können und mir nicht überlegen müssen, in welcher Laune ich ihn heute denn wieder antreffen werde.

Grundsätzlich sollte dir ein Lehrer also sympathisch sein und du solltest ihm vertrauen können. Wenn zumindest mittelfristig kein Vertrauensverhältnis aufgebaut werden kann, wird der Unterricht wohl in fast jedem Fall leiden – man findet sich einfach nicht auf einer menschlichen Ebene.

Lampenfieber im Unterricht

Der Normalfall ist, dass ein Schüler beim Vorspielen etwas aufgeregt ist, obwohl es die Situation eigentlich gar nicht erfordert, denn es handelt sich ja nicht um ein Bewerbungsgespräch, bei dem man mögliche Schwächen geschickt verkaufen oder umschiffen muss.

In Deutschland durchgeführte Studien massen den Stressgrad von Probanden anhand der Konzentration des Stresshormons Cortisol im Blut – es wurde festgestellt, dass gerade mal 5 % der Probanden bei einer Leistungserbringung unter Beobachtung von wertenden Experten keine signifikant höheren Werte aufwiesen.

Die Vorspielsituation wird also nur von einer relativ kleinen Prozentzahl als praktisch stressneutral wahrgenommen. Die meisten Schüler sind etwas aufgeregt und ein Teil ist so sehr aufgeregt, dass dabei grössere Leistungseinbrüche auftreten. Dies verhilft dem Schüler nicht wirklich zu mehr Ruhe, denn dann fängt er oft an, sich auf die Fehler und die Vorspielsituation zu fokussieren, was die ganze Stressthematik noch mehr in den Vordergrund rückt.

Ich gehe grundsätzlich davon aus, dass ein Schüler in der Lektion durchschnittlich zwischen 60 – 80 % seiner „Leistung" welche er Zuhause erreicht, erbringt. Da viele Lerngebiete sich jedoch erst im Aufbau befinden, braucht der Schüler beispielsweise 70 % seiner Maximalleistung, welche er aufgrund der Vorspielsituation (nur 60–80 % Leistung verfügbar) nicht immer erreicht.

Wichtig bei Lampenfieber ist:

„Wenn ein Schüler zu aufgeregt ist, um etwas spielen zu können, ist nicht einfach der Schüler gefordert, sondern genau so der Lehrer, denn Schüler und Lehrer bilden immer ein Team, welches die gleichen Ziele verfolgt."

Oft kritisieren sich Schüler auch selbst laut im Unterricht – etwa wie: *„Aber Zuhause konnte ich das doch viel besser – das kann ja nicht so schwer sein!"* o d e r *„Schlecht! Wirklich Grottenschlecht!"* und offenbart damit einerseits seine eigenen Erwartungen an sich und/oder versucht andererseits etwaige ausgesprochene oder unausgesprochene Bewertungen des Lehrers vorneweg zu nehmen, bzw. dessen möglicherweise negative

Reaktion. Allerdings ist es so, dass ein guter Lehrer nicht problem- sondern lösungsorientiert denkt – und den Schüler niemals „verurteilt", schon alleine deshalb nicht, weil dies den Lehrer als solchen deklassieren würde. Noch wichtiger ist es, zu wissen, dass ein Lehrer, der diesen Namen auch verdient, den Schüler als Persönlichkeit niemals abwertet, nur weil etwas nicht so klappt, wie sich der Schüler das wünscht.

Als Lehrer stelle ich fest, dass ich mir meine persönliche Meinung über meine Schüler genauso bilde, wie beim Umgang mit Menschen, welche nicht meine Schüler sind. Das heisst: Wenn ich Menschen in mein Menschenverständnis einordne, sehe ich den ganzen Menschen und nicht irgendwelche isolierten Merkmale des Menschen – wobei ich die Fähigkeit, ein Instrument zu spielen, eben als (vereinfacht ausgedrückt) einzelnes Merkmal sehe, welches mir nicht erlaubt, den Menschen als solchen auch nur schon oberflächlich einzuordnen.

Introvertierte und extravertierte Schüler

Vorab erscheint es mir wichtig, einen Zusammenhang der individuellen (mentalen) Erregbarkeit einer Persönlichkeit anhand der zwei Pole einer Persönlichkeitseigenschaft einzuführen:

Diese zwei Pole sind die Introversion und die Extraversion, wobei die meisten Menschen mehr zum einem oder zum anderen neigen.

Bei eher introvertierten Menschen ist die Erregung, wenn sie in Interaktion mit anderen Menschen stehen, meist höher, als das bei einem extravertierten Menschen der Fall wäre. Während der extravertierte Mensch seine mentale Erregung sogar dazu verwendet, noch mehr Leistung zu bringen, kommt der introvertierte Mensch hier eher in eine Art Übererregung, welche zur Leistungsminderung führt. Die Erfahrung dieser Leistungsminderung führt den introvertierten Menschen eher dazu, diese Erfahrung als zentrales Geschehnis zu empfinden, welches meist auch negativ belegt ist. Das heisst, dass die empfundene Erregung noch weiter zunimmt, was im Extremfall zum Zusammenbruch / Blackout führen kann. Dies ist mitunter ein möglicher Grund für ein im Unterricht auftretendes Blackout.

In den nachfolgenden Grafiken habe ich schematisch versucht, die unterschiedlichen Erregungsniveaus eines introvertierten und eines extravertierten Schülers so darzustellen, dass die tendenziellen Zusammenhänge des individuellen Erregungsniveaus und der Leistungsfähigkeit aufgezeigt werden.

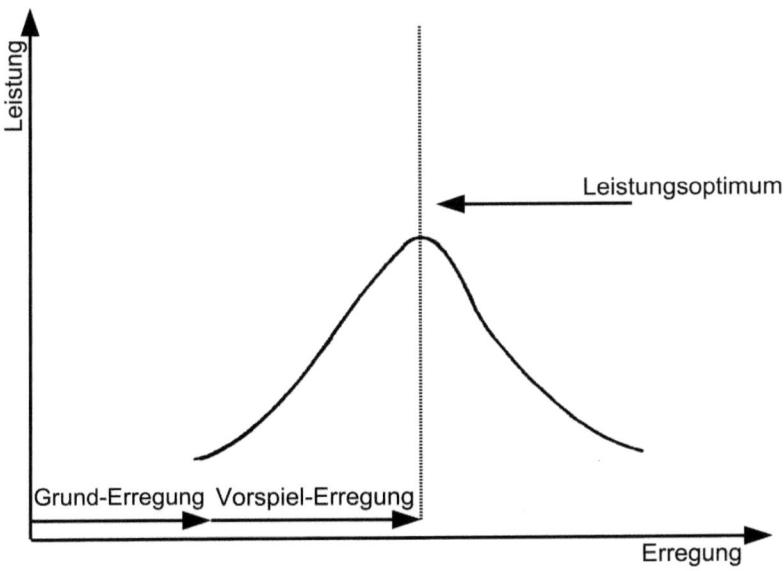

Leistungsfähigkeit und mentale Erregung (Tendenz: Extravertiert)

Obenstehend ist eine schematisch dargestellte Erregungskurve eines extravertierten Schülers aufgezeichnet. Wir können erkennen, dass die Totalerregung (Grunderregung plus Vorspielerregung) den Schüler auf ein optimales Leistungsniveau bringt. Solche Schüler kommen durch den „Vorspielkick" erst recht in Fahrt. Natürlich ist diese Darstellung ein gesuchtes Beispiel, weil es wohl eher selten vorkommt, dass die Erregungssumme exakt zum Leistungsoptimum führt. Daraus folgt auch, dass die Grunderregung alleine in dem etwas gesuchten und bewusst übertrieben dargestellten Fall, den Schüler nicht bis zu seinem Leistungsoptimum führt.

Die nächste schematische Darstellung versucht nun, die gleichen Zusammenhänge eines introvertierten Schülers darzustellen:

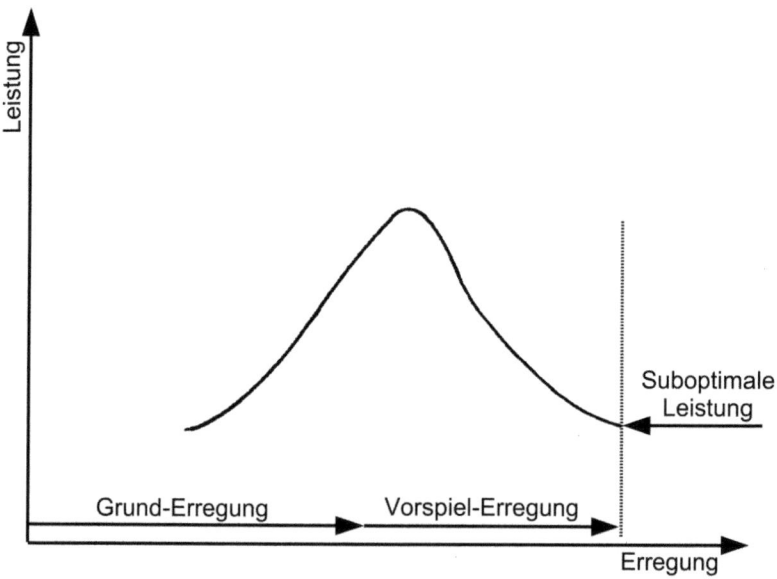

Leistungsfähigkeit und mentale Erregung (Tendenz: Introvertiert)

In dieser Darstellung erkennen wir, dass alleine schon die

Grunderregung dieses Schülers ausreicht, um sein Leistungsmaximum zu erreichen. Dies entspricht dem Spielen Zuhause ohne Zuhörer bzw. Lehrer. Wenn der Schüler nun in den Unterricht kommt, addiert sich zu dieser Grunderregung auch noch die in der Darstellung genannte Vorspielerregung.

Als Folge dieser nun übermässig vorhandenen Gesamterregung ist der Schüler nicht in der Lage, das im trauten Heim Vollbrachte, auch im Unterricht zu reproduzieren, was häufig auch kommuniziert wird – etwa durch: „Zuhause ging das doch gerade noch!" oder oft auch: „Ich hab' aber geübt!"

Diese Situation kann unter Umständen zu noch mehr Erregung führen, was das Ganze in der Folge noch verschlechtert. Hier kann der Lehrer versuchen, klärend einzuwirken, zum Beispiel durch die Aussage, dass dies ganz normal – und schliesslich auch erklärbar ist.

Zusätzlich scheint mir erwähnenswert, dass die Schüler sich im Unterricht oft nicht die Zeit nehmen, in z.B. einen Song reinzukommen – indem sie den Song mal ganz locker für sich anspielen, um sich wieder an die Abläufe zu erinnern. Dabei wäre das oft sehr hilfreich. Speziell wichtig dabei ist aber, dass weder seitens Lehrer noch Schüler eine übermässige Erwartungshaltung besteht. Die ersten Versuche sind somit einfach als ein Aufwärmen zu verstehen. Schliesslich ist es ja auch im Sport so, dass die Sportler nicht an deren Aufwärmübungen gemessen werden. Warum sollte es also beim Spielen eines Instruments anders sein? Aber dazu mehr, in einem der nächsten Abschnitte.

Die vorgängig gezeigten Grafiken sind nicht in jedem Fall zutreffend, da es auch noch andere Eigenschaften der

Persönlichkeit gibt, welche ebenfalls einen Einfluss auf das Erleben von Stresssituationen haben.

In den folgenden Abschnitten setzen wir uns damit auseinander, was das Schüler-Lehrer-Team tun kann, um das Vorspielerlebnis nachhaltig zu verbessern.

Darüber sprechen / Erfahrungen austauschen

Das Team kann darüber sprechen. Viele Schüler tun das schon von sich aus. Der Lehrer kann dabei sein Verständnis äussern – ich persönlich erzähle von meinen Vorspielerlebnissen, als ich noch ein Schüler war. Da ich tatsächlich nicht der „coolste Schüler" war, hole ich durch das Offenbaren meiner damaligen Gefühle und Erlebnisse den Schüler ins selbe Boot. Der Schüler muss auf einer tieferen Ebene keine Angst davor haben, dass ich ihn verurteilen würde, da ich ähnliche Erfahrungen mit ihm teile.

Zusätzlich kann ich dem Schüler auch erzählen, wie es anderen Schülern beim Vorspielen geht oder gegangen ist. Es gibt jedoch Menschen, welche die eigene Aufregung als persönliche Schwäche ansehen. Deshalb vermeiden sie ein Gespräch darüber – bzw. würden es nie von sich selbst aus ansprechen. Meist sind es Männer, welche nicht wirklich ein Interesse an einer Offenbarung haben, weil wir Männer eher versuchen, dem Bild des ruhigen Menschen, welcher die Kontrolle nie verliert, zu entsprechen. Diesem Typ Menschen ist es besonders peinlich, dass er sich emotional so unkontrolliert erlebt – speziell bei etwas, bei dem es eigentlich auf gar nichts ankommt. Allerdings kann sich die Situation dadurch noch mehr zuspitzen, denn der Schüler sieht sich diesen emotionalen Reaktionen ausgeliefert und bleibt auch alleine damit. Mit den meisten Schülern kann man allerdings über dieses persönliche Thema sprechen – bei einigen ist die Abwehr jedoch zu gross.

Obwohl viele Menschen solche Reaktionen als Schwäche sehen, ist meine Sicht auf diese Angelegenheit etwas anders: Ich schaue es als eine persönliche Stärke an, wenn jemand offen über die eigenen Gefühle sprechen kann. Dabei offenbart man einem anderen Menschen eine weiche Stelle, macht sich in gewisser Weise verwundbar – und dazu braucht es ja auch Mut. Bei diesen Menschen kann ich als Lehrer auch mehr meine „weichen Stellen" zeigen, was das Teamgefühl stärkt.

Schwierig kann es werden, wenn ein Lehrer ein stark extravertierter Typ ist und der Schüler ein deutlich introvertierter Typ. Hier kann es sein, dass es dem Lehrer nicht möglich ist, sich in die Lage des Schülers zu versetzen, erst recht, wenn ihm dazu auch noch das nötige Empathievermögen fehlt.

Auch wenn wir einen Lehrer beurteilen, ist es ein Bewertungskriterium, wie der Lehrer im Unterricht mit seinen persönlichen Limitierungen umgeht. Versucht er perfekt zu sein oder geht er offen mit seiner Unvollkommenheit um? Führt der Lehrer unter Umständen sogar exemplarisch vor, wie er mit einem Fehler umgeht und wie er an diesem und an sich arbeitet?

Je mehr der Lehrer dem Schüler perfektionistisch erscheint, desto schwieriger kann es für den Schüler werden, einen natürlichen Umgang mit seinen eigenen Problemen und Unvollkommenheiten zu finden.

Worst-Case Szenario vorstellen

Eine Frage, die ich meinen Schülern immer wieder stelle ist: „Was ist eigentlich das Schlimmste, das dir beim Vorspielen im Unterricht passieren kann?"

Die Antwort ist eigentlich immer: „Nichts!"
Hintergründig wäre wahrscheinlich die „Blamage" vor dem Lehrer das Worst-Case Szenario.

Ich teile dem Schüler aber auch mit, dass ich ihn aufgrund seines Spiels in keinster Weise persönlich bewerte. Der „liebste Mensch" kann etwas völlig unerkennbar spielen, aber er bleibt immer noch der „liebste Mensch". Es ist in der Tat auch nicht so, dass der beste Schüler auch der „Lieblingsschüler" wäre, weil ich als Mensch und Lehrer viel komplexer funktioniere. Ich könnte nicht einmal bestimmen, welcher Schüler mein Lieblingsschüler ist, denn die Persönlichkeiten sind so unterschiedlich und mit vielen Facetten ausgelegt, dass es unmöglich wird, einen eindimensionalen Massstab anzulegen und die Schüler an diesem zu messen.

Imaginativ üben

Einige Menschen haben die Fähigkeit, sich in eine Situation hineinzuversetzen.
Stell' dir einfach vor, dass du jetzt deinem Lehrer im Unterricht vorspielst – du hast drei Versuche und einer sollte dich bzw. ihn überzeugen! Willst du es wirklich hart auf hart, gibst du dir nur einen einzigen Versuch – und es „muss" klappen.

Mit dieser Methode kannst du die Situation in einem gewissen Rahmen schon etwas vorwegnehmen und das Resultat kann sein, dass die spürbaren Symptome der Aufregung im Unterricht schwächer werden. Es kann dabei hilfreich sein, dich mit allen Sinnen an die Unterrichtslokalität / die Situation zu erinnern – und dann mit der Übung anzufangen.

Falls diese Methode bei dir nicht anspricht, versuche die folgende, welche ich im nächsten Abschnitt beschreibe, bzw. kombiniere diese beiden Methoden.

Sich beim Üben (ultimativ) aufnehmen

Einige Schüler können sich etwas desensibilisieren, wenn sie sich beim Üben ultimativ aufnehmen.

Wenn du ein Stück vorspielen sollst, spiele es einmal zum Aufwärmen.
Danach hast du genau einen Versuch und diesen nimmst du auf. Du kannst versuchen, dir einen imaginären Druck aufzubauen, indem du dir sagst, dass du jetzt genau einmal aufnimmst, und diese Version so gut wie möglich funktionieren muss – es gibt keine zweite Chance.

Anderen Personen vorspielen

Eine sehr gute Methode ist es, so vielen Menschen wie möglich, bei günstigen Möglichkeiten, vorzuspielen. Du kannst diesen Menschen auch mitteilen, weshalb du ihnen vorspielen willst – nämlich um dich an die Vorspielsituation zu gewöhnen.

Wenn du es noch härter haben willst, sagst du ihnen nicht, weshalb du ihnen vorspielen willst, denn dann haben sie vermutlich höhere Ansprüche an dein Spiel.

Ultimativ wäre es natürlich, mehreren Personen gleichzeitig vorzuspielen und diesen anzukündigen, dass du ein kleines Konzert abhalten willst. Du kannst behelfsmässig natürlich auch zu einer CD spielen, damit es für die Zuhörer etwas attraktiver wird. Falls das möglich ist, kannst du die Personengruppe nach einer Weile zahlenmässig erweitern.

Sich einspielen

Jedes Mal, wenn ein Schüler in den Unterricht kommt und sofort drauf los spielt, macht der Schüler das ohne mentale und physische Vorbereitung. Dabei kommt es gerade bei neuen Themen oft vor, dass der Schüler an seine physischen und mentalen / konzentrativen Grenzen kommt. Sogar Spitzenmusiker spielen sich warm – also warum sollten sich Musikschüler nicht auch auf die gleiche Weise auf den Unterricht vorbereiten?

Die zum Spiel benötigten Hirnstrukturen müssen bei neuen Themen oft wieder aktiviert werden, sodass bestimmte Abläufe schneller und flüssiger und im Endeffekt auch entspannter abgerufen werden können. Dies sind in der Regel die ersten Spielversuche, welche ein Schüler im Unterricht beim Vorspiel z.B. eines Stücks unternimmt. Seine Leistung ist meist aufgrund mangelnder Aktivierung der mental-physikalischen Abläufe und zusätzlicher Aufgeregtheit mehr oder weniger stark limitiert.

Falls die Möglichkeit besteht, kann der Schüler sich schon vor dem Unterricht etwas einspielen. Dies kann bei schönem Wetter sogar vor dem Unterrichtslokal geschehen oder aber im parkierten Auto, falls man mit dem Auto in den Unterricht fährt. Die Atmosphäre im Auto ist allenfalls besser geeignet, da man keine Zuschauer bzw. Zuhörer haben wird.

Auch das Einspielen Zuhause vor dem Unterricht ist sinnvoll. Falls jedoch eine zu lange Pause zwischen dem Aufwärmen und dem Unterricht besteht, kann der Effekt wieder nachlassen. Aber es ist wahrscheinlich, dass der Schüler im Unterricht wieder schneller zu seiner Form findet, weil er die entsprechenden Strukturen schon kurz vorher einmal aktiviert hat.

Im Unterricht halte ich es so, dass ich (abhängig vom Schüler) manchmal auch eine kurze Zeit zum Einspielen zur Verfügung stelle. Dabei ist es wichtig, dass sich der Schüler bewusst ist, dass es sich nicht um ein Vorspiel handelt, sondern nur um ein „Herantasten" an die geübten Abläufe. Somit hat er Zeit, wichtige Abläufe wieder zu aktivieren und kann es im zweiten Versuch etwas gelassener nehmen. Allerdings beobachte ich im Unterricht, dass auch wenn ich klar kommuniziere, es handle sich nur um ein Aufwärmen und nicht um ein Vorspiel, viele Schüler das Bedürfnis zu haben scheinen, schon im ersten Anlauf gut zu sein, was natürlich wieder kontraproduktiv wirkt. Es wäre besser, sich anspruchsarm und beobachtend aufzuwärmen, statt die ganze Last in nur einem Moment zu übernehmen.

Meistens beobachtet man als Lehrer, dass die ersten Versuche etwas zu spielen, im Unterricht nicht so erfolgreich verlaufen, der Schüler sich dann aber steigert. Hier ist es auch wichtig, dem Schüler mitzuteilen, dass dem Lehrer dieser Mechanismus bekannt ist – und vor allem, dass er normal ist.

Ich erkläre dazu auch immer das Schneefall-Modell, bei dem man das Üben mit dem Hinterlassen von Spuren im Schnee vergleicht. Je mehr geübt wird, desto tiefer sind die Spuren und je tiefer die Spuren im Schnee sind (bzw. im neuronalen Netzwerk), desto sicherer kann etwas auch wieder abgerufen werden. Bis der Schüler im Unterricht erscheint, hat es ihm allerdings wieder in diese Spuren geschneit – und durch die Aufgeregtheit bricht die Schneewand an der Seite wieder etwas ein – die Spurtiefe nimmt also ab. Damit dies etwas kompensiert wird, kann man erst nochmal ein paar Mal durch diese nun etwas verschneiten Spuren laufen, damit diese wieder gut zu gebrauchen sind – und das ist exakt das, was wir beim Einspielen tun.

Sich selbst beobachten

Wenn ein Schüler fühlt, dass er zu aufgeregt ist, kann er auch versuchen, kurz vor dem Spielen inne zu halten, um ein paar Mal tief zu atmen und sich darauf konzentrieren, wie sich das Gefühl der Aufgeregtheit anfühlt, ob es sich verändert und wo es zu fühlen ist.
Durch diese „Selbstreflektion" nehme ich Abstand von mir und beobachte mich aus einem objektiveren Blickwinkel ausserhalb meiner selbst.

Selbst habe ich das während meinen letzten Ferien geübt, als ich ins ziemlich kalte Meer reinlief. Ich versuchte mich selbst aus der Situation etwas rauszunehmen, wurde konzentriert ruhig und versuchte, mich auf die sensorischen Eindrücke des kalten Meers zu konzentrieren. Mir gelang es auf diese Weise, das Gefühlte besser zu erfassen und ich hatte dabei das Gefühl, mehr Kontrolle über die Situation zu erlangen, wohl weil ich sie in gewisser Weise analysiert und bewertet hatte. Das heisst nicht, dass ich mich auf irgendetwas Negatives einfach nur fokussieren kann, damit es verschwindet – es handelt sich dabei mehr um eine mentale Distanzierung, von etwas, das ich negativ bewerte.

Normalerweise versucht der Mensch, diesen unangenehmen Gefühlen / sensorischen Erfahrungen möglichst schnell auszuweichen, ohne sich die Zeit dafür zu nehmen, die Natur dieser Erfahrungen z.B. durch Abstandnahme näher zu untersuchen.

Im Musikunterricht erlebe ich oft, wie diese negativ bewerteten Erfahrungen sich physisch dadurch zeigen, dass wir in der Folge die Tendenz haben schneller zu spielen, was zu mehr Spielfehlern und so eher zu noch mehr Stress führen kann.
Da diese schülerseitige Selbstreflektion während des Unterrichts etwas Zeit braucht, sollte der Lehrer darüber informiert sein, was wieder ins Kapitel „gegenseitiges Vertrauen" eingeht. Der Lehrer wird also nicht fragend-ungeduldig warten, sondern wissen, dass im Schüler ein innerer Prozess im Gange ist. Die Kommunikation kann verbal oder nonverbal erfolgen, dies kommt auch drauf an, wie gut das Schüler-Lehrer-Team eingespielt ist.

Entspannungstechniken

Heutzutage kann sich der interessierte Mensch verschiedenster Entspannungstechniken bedienen – und dies sogar ohne in die Esoterik abgleiten zu müssen.

Als gute Möglichkeit empfehle ich oft das vom Berliner Psychiater Johannes Heinrich Schultz vorgestellte Autogene Training (AT), welches ohne Vorbehalte auch von Schulmedizinern und Psychologen empfohlen wird. Wer dazu einen Kurs belegt, sollte auf die Fachkompetenz der unterrichtenden Person achten – oft sind dies Psychologen. Die Kurse decken mehrere Stufen ab, wobei man mit der Grundstufe, die kognitiv am einfachsten nachvollziehbar ist, beginnt. Die

Fortsetzung der Ausbildung in die Mittelstufe ist absolut nicht notwendig, aber kann von interessierten Absolventen der Grundstufe optional besucht werden.

Die „Fuck-It!" - Mentalität

Manchmal ist es besser, wenn man sich über gewisse Dinge nicht tausend Gedanken macht und man zu sich einfach sagt: „Fuck-It! Es spielt überhaupt keine Rolle was ich hier mache, und wenn der Lehrer mich aufgrund dessen, was ich hier mache, verurteilen will, ist er ein Idiot und ich sollte kündigen, schliesslich bin ich ja derjenige, der sein Leben bezahlt."

Ich rufe niemanden dazu auf, diese Mentalität sich unbedingt eigen zu machen, doch manchmal wäre es besser, wenn man sich nicht alles und jedes zu Herzen nähme, darum: Ein Stück der „Fuck It!" - Mentalität ist im richtigen Moment gar nicht so schlecht!

Ich sehe die „Fuck-It!" - Mentalität als eine Form des Reframings. Dabei wird davon ausgegangen, dass unser Erleben (das für uns sichtbare Bild) immer nur einen Teil des Ganzen darstellt. Durch Verrücken oder Grössenänderung des Rahmens sehen wir andere Elemente einer Situation oder eines Geschehens, womit diesen eine andere Bedeutung zugewiesen werden kann.

Die „Fuck-It!" Mentalität finden wir natürlicherweise meist bei eher extravertierten Menschen und weniger bei Introvertierten.

Der richtige Umgang mit Spielfehlern

Ein Mensch würde nie dazu kommen, etwas zu tun, wenn er stets warten würde, bis er es so gut kann, dass niemand mehr einen Fehler entdecken könnte.

- John Henry Newman

Was Fehler für uns sind

Natürlich haben wir in der Schule und auch später im Verlauf unseres Lebens gelernt, dass Fehler an sich nichts Gutes sind. Nun ja, im Grunde ist es tatsächlich so, dass wir bei einem Bewerbungsgespräch sicher nicht als eines unserer positiven Attribute hervorheben: „Ich mache besonders viele dumme Fehler!"

Fehler sind also negativ vorbesetzt, was dazu führen kann, dass sich bei einigen Menschen Ängste vor diesen Fehlern aufbauen und sich, bei entsprechender Stärke dieser Ängste, auch negativ auf die tatsächlich vorhandenen Fähigkeiten auswirken.

Wie wir Spielfehler für uns nutzbar machen können

Ich gehe davon aus, dass jeder mit mir übereinstimmt, dass Fehler so oder so passieren - also müssen wir lernen, sie für uns zu nutzen und mit ihnen umzugehen.

Ich finde es wichtig, sich zu erinnern, dass Fehler einen integrierten Bestandteil eines Lernprozesses bilden. Ohne jemals einen Fehler gemacht zu haben, wirst du es nicht lernen. Ein Fehler ist also auch ein Feedback. Die Aufgabe des Lehrers ist es dann, aufgrund dieses Feedbacks Angebote für Lösungswege zu machen, Lösungswege, die für dich möglichst einfach zu begehen sind. Im zweiten Schritt soll der Schüler in der Lage sein, selbst auf gangbare Lösungswege zu kommen.

Profitieren können wir von Fehlern, wenn wir versuchen, sie zu verstehen und wenn wir versuchen, den Lernprozess so anzupassen, dass wir die Fehlerwahrscheinlichkeit reduzieren. Dazu gehört es auch, zu überprüfen, in welchem Zustand sich das Gehirn des Übenden im Moment wohl gerade befindet - und festzustellen, ob dieser Zustand dem Übenden eher hilft oder im Weg steht. Hinderliche Ablenkungen, zu hohe Selbsterwartungen oder falsche Fokussierung auf die Lernsituation lassen die Steilheit der Lernkurve noch steiler werden! Auch darauf kann und soll der Lehrer reagieren und z.B. die Steilheit der Lernkurve für den Schüler etwas abflachen. Manchmal geschieht dies übrigens mit unglaublich grossem Effekt!

Andererseits ist es für die meisten Hobbymusiker im weiten Bereich der Populärmusik nicht höchste Priorität, keine Fehler zu machen. Viel wichtiger ist es, zu grooven, entspannt zu spielen und sich dabei auch gut zu fühlen. Etwas anders sieht das natürlich z.B. bei einem Konzertpianisten aus - dort sind die Ansprüche an Perfektion sehr hoch.

Für den Hobbymusiker jedoch ist es viel wichtiger, dass er mit Fehlern umgehen kann - also z.B. nicht nochmals von vorn anfangen muss, wenn er einen Fehler macht oder rausfällt, den musikalischen Faden weiter verfolgen und dann wieder einsetzen kann. Dies gibt ihm die Selbstsicherheit, dass er jeden Fehler handhaben kann - womit er auch keine oder mindestens weniger Angst vor Fehlern haben muss. Er hat einen spielerischen Umgang mit Fehlern. Statt sich zu zermürben, kann er über Spielfehler lächeln und mit Spass weiterspielen, womit das Gehirn den "Musikmodus" nicht verlässt.

Im vorherigen Abschnitt habe ich den praktischen Umgang mit Fehlern angesprochen. Dabei ist es besonders interessant, seine eigene Gefühlswelt gerade im Moment des Auftretens eines Fehlers zu beobachten. Fühle ich Stress? Wo / wie fühle ich ihn? Ist es hilfreich, so zu fühlen? Wenn du das Gefühl hast, dass die von dir empfundenen Gefühle zu stark sind, versuche, fokussiert bei der Musik zu bleiben. Verfalle nicht in Selbstkritik, sehe dich auf keinen Fall ausgestellt als "der, der den Fehler gemacht hat". Denn dies lenkt den Fokus in eine Richtung von der Musik weg, nämlich auf die Situation, und dieser "Gehirnstatus" hat mit der eigentlichen Musik nichts gemeinsam.

Versuche also, Spielfehler für dich zu benutzen, um zu trainieren, dein Gefühlsleben bei der Musik zu belassen und dich nicht von Fehlern auf unwichtige Dinge ablenken zu lassen.

Auch kann jeder Spielfehler dazu genutzt werden, den technischen Umgang mit **Spielfehlern** zu üben - also bald wieder einzusetzen, wenn man rausfällt, Wiedereinsatzpunkte schnell zu finden, den Fehler in die Musik einzubinden, etc. Wer dies erreicht, ist auf gutem Weg, seinen Umgang mit **Spielfehlern** zu "normalisieren".

Spielfehler bieten dir also die reale Möglichkeit, weiter an deinem Spiel und deinen emotionalen Zuständen während des Spiels zu arbeiten. Sie bilden somit einen Bestandteil deiner Übungspraxis.

***Achtung**: Wir müssen verhindern, dass wir Fehler repetieren, denn dann fängt der Automatisierungsprozess an zu tragen und wir schaffen uns zusätzliche Hindernisse, bzw. automatisieren Fehler. Es ist also wichtig zu wissen, wie man auf einen spezifischen Fehler richtig reagiert, bzw. welche Parameter des Lernsettings wir am besten verändern, um Wiederholungen von Fehlern zu vermeiden.*

Das Lernzonenmodell

Wir Menschen haben unterschiedlich ausgeprägte Komfortzonen. Während der eine etwas leicht und ohne Probleme macht, stellt die gleiche Aufgabe für einen anderen Menschen ein, subjektiv empfunden, hohes Hindernis dar. Im Musikunterricht könnten dies Aktivitäten wie das Vorspielen oder Vorsingen sein. Wenn ein Mensch seine Komfortzone verlässt und so etwas erreicht, gibt ihm das in den meisten Fällen ein gutes Gefühl – oder sogar einen „Kick".

Im nachstehenden schematischen Modell sehen wir drei Zonen: Die Komfortzone, die Wachstumszone und die Panikzone.

Die Komfortzone beschreibt den Bereich, in dem wir uns sicher fühlen. Wir erfahren kaum negative Gefühlseindrücke bei einer Tätigkeit, welche in unserer Komfortzone liegt.

In der Wachstumszone nimmt das Risiko und das Unbekannte, das nicht Berechenbare zu. Diese Zone ist auch die Zone der Herausforderung, der Spannung und der Neugier. Die Wachstumszone ist auch die beste Lernzone.

Je mehr wir uns in der Panikzone befinden, desto mehr werden unsere kognitiven Fähigkeiten eingeschränkt. Es ist die Notfallzone, in welcher unsere Ängste immer mehr freien Lauf bekommen und unsere Gefühle kaum noch zu kontrollieren sind. Hier herrschen vor allem Vermeidung, also Flucht, Angriff oder (wenn's denn nötig ist) Tot-stellen vor. Höhere Funktionen des Gehirns können nur noch schwer abgerufen werden. Alles funktioniert im Notfall-Überlebensmodus.

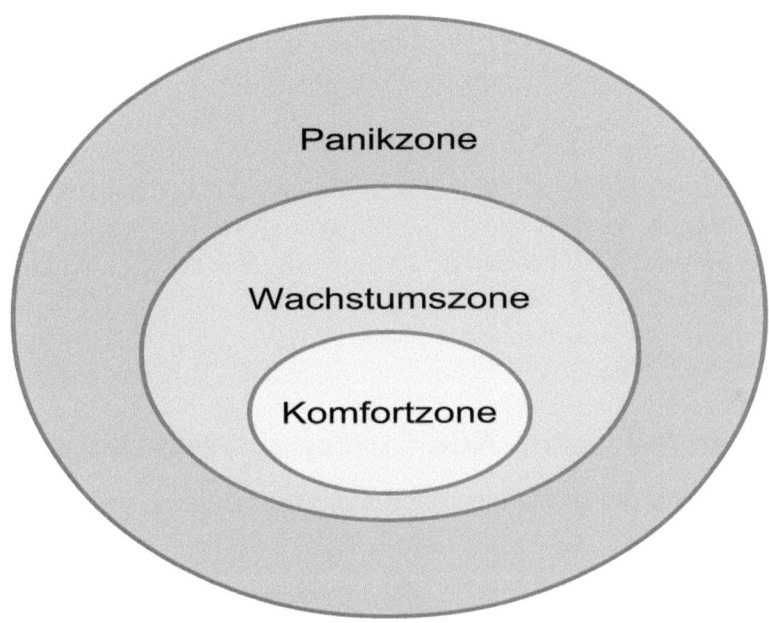

Komfort-, Wachstums-, und Panikzone

Nun gibt es Menschen, welche eine derart gestaltete Einstellung verinnerlicht haben, dass sie Aufgaben, welche sich für den durchschnittlichen Menschen noch in der Komfortzone befinden, schon fast in der Panikzone wahrnehmen. Dies führt im Musikunterricht dann bis zum Blackout oder einer effektiven Verweigerung, um nicht in den Blackout-Bereich zu kommen.
Verweigerung kann in diesem Zusammenhang heissen, dass der Schüler dem Lehrer z.B. nicht vorsingen will (z.B. eine Tonleiter) – und es der Schüler vorzieht, alleine Zuhause in der für ihn sicheren Komfortzone zu üben. Der Nachteil dabei ist, dass der Schüler vom Lehrer kein direktes Feedback bekommen kann, was

bedeutet, dass die weitere Führung durch den Lehrer (im entsprechenden Bereich) leidet. Der Lehrer kann hier versuchen, die im Bereich wohl vorhandenen Fähigkeiten indirekt abzuschätzen, jedoch ist dies nicht immer einfach und machbar.

Die Essenz ist, dass die eigentliche Lernzone, die in der Grafik zwischen der Komfort- und Panikzone liegt, die Wachstumszone ist. Bewegen wir uns in der Komfortzone, werden wir nicht sehr effizient lernen – bewegen wir uns in die Panikzone hinein, werden wir wohl noch weniger effizient lernen, denn dazu brauchen wir ein funktionierendes Gehirn.

Blockaden lösen, Komfortzonen vergrössern

Dieser Abschnitt steht ganz unter dem Motto:

„Unser grösser Feind sind wir selbst. Mit sich selbst im Reinen sein."

Ich verspreche euch, dass ich nicht in die Welt der Esoterik abgleiten werde.

Komfortzonen und das Verlassen dieser

Jeder Mensch hat eine Komfortzone. Solange wir uns in dieser bewegen, fühlen wir uns sicher. Sobald wir aufgefordert werden, diese zu verlassen, verspüren wir einen mehr oder weniger starken inneren Widerstand, dies nicht zu tun ODER aber auch eine Herausforderung, es eben grad' extra zu tun, weil das etwas Neues ist und dies spannend ist. Oft versuchen wir jedoch zu vermeiden, die Komfortzone zu verlassen.

Gerade neulich hatte ich im Unterricht die Situation, dass ich einem Schüler erklärte, dass das Singen im Bereich der Gehörbildung sehr nützlich ist. Dabei werden Intervalle (Tonabstände), Akkorde und Tonleitern gesungen. Der Schüler sagte, dass er dies Zuhause machen werde, weil er nicht gerne vorsingt. Ich teilte ihm mit, dass es nicht um das „schön Singen" geht, sondern um das blosse Erreichen der Tonhöhe und um (unter anderem) seine Musikalität mit dem Instrument (tiefer) zu verbinden. Der Schüler zeigte sich ungewöhnlich resistent und sprach sogar von „Zwang".

Na ja, im Privatunterricht wird niemand zu irgendetwas gezwungen – schliesslich machen wir alles aus Spass an der Sache und nicht, weil uns jemand Noten gibt. In einem Studium bliebe natürlich keine Wahl: Singen, oder das Studium kann nicht weitergeführt werden. Dieser Zwang ist nicht unbedingt schlecht. Klar würde der Schüler gezwungen, seine Komfortzone bei weitem zu verlassen – aber wenn er dann, nach dem Betreiben von einigem Aufwand, die Komfortzone überwunden hat und Erfolg dabei hatte, würde er verspüren, wie er die Komfortzone nicht einfach verlassen hat – sondern erweitert! Dies würde dem Schüler auch auf emotionaler Ebene gut tun, denn nichts ist deprimierender, als im Leben immer wieder an den selben Hindernissen zu scheitern, statt sie zu überwinden.

Wichtig bei einem solchen Prozess ist es, dass der Lehrer das Vertrauen des Schülers geniesst – auch hier ist der Teamgedanke wichtig.

Interessant dabei ist, dass ein Schüler dem Lehrer auf seinem Instrument wohl vorspielt, aber dass das Singen als persönlicher empfunden wird, obwohl niemand den Anspruch hat, dass der

Schüler annähernd eine gute Gesangsstimme hat. Der Schüler sollte die Töne einigermassen treffen, was zur Entwicklung der eigenen Musikalität nur positiv beitragen kann.

Im oben beschriebenen Fall spürt der Schüler grosse innere Widerstände und versucht, das schlechte Gefühl, welches er beim Vorsingen zu erleben erwartet, unter allen Umständen zu vermeiden.

An dieser Stelle wollen wir zwar nicht in die Tiefenpsychologie abtauchen, jedoch stellt sich hier auch die Frage nach dem WARUM.

Welche Umstände haben den Schüler dazu geführt, eine so starke Ablehnung gegen das Singen einer Tonleiter zu verspüren? Inwiefern vertraut der Schüler dem Lehrer? Wurden in der Vergangenheit schlechte Erfahrungen gemacht? Wie steht es um das Selbstvertrauen des Schülers? Passt diese Ablehnung in das Gesamtbild, welches ich vom Schüler habe? Falls nicht, WARUM nicht? Ist mein Bild des Schülers deutlich genug? Was sagt der Schüler dazu? Kann er sich gegenüber dem Lehrer öffnen?

Ich möchte verstehen können, WARUM dieser Schüler etwas ablehnt. Allerdings erreiche ich als Musiklehrer möglicherweise auch die Grenze meiner Kompetenzen, z.B. dann, wenn es um die Frage geht, WARUM das Selbstvertrauen des Schülers tief ist – denn ich bin noch immer Musiklehrer und kein Therapeut.

Was ich in einem solchen Fall tun kann ist, dass ich beim Schüler selbst Gedanken anrege. Der Schüler sollte sich bewusst sein, dass seine Komfortzone verletzt wurde und versuchen, sich bewusst zu machen, WARUM dies so ist. Er sollte daran arbeiten, diese

Komfortzone auszudehnen – damit er diese Selbstlimitierung vermindert. Durch diese Verminderung können sich auch neue Möglichkeiten ergeben, z.B. könnte sich der Schüler musikalisch besser entwickeln.

Musikalische Probleme und ihre Ursprünge

Vor mehr als 20 Jahren hatte ich gelesen, dass musikalische Probleme auch tiefere Wurzeln haben können – und Musik zur Persönlichkeitsbildung beitrage. Das konnte ich nicht glauben. Diese Aussage erschien mir schon fast in die esoterische Ecke zu passen.

Allerdings ist dazu zu bemerken, dass die aktive Musiktherapie ja genau diesen Ansatz wählt: Aufgrund des musikalischen Verhaltens bzw. der musikalischen Interaktion mit anderen werden Verbindungen zum Wesen des Menschen selbst gezogen und als Ansatz für eine Therapie verwendet.

Eine Logik kann man dabei ohne weiteres ausmachen, denn Musizieren tut man in erster Linie durch ein ziemlich komplexes Zusammenspiel verschiedenster Hirnregionen – und diese Regionen werden ja auch sonst im Leben benützt. Im Umkehrschluss hiesse das also, dass wenn irgendwo etwas „nicht stimmen" würde, tatsächlich die Möglichkeit bestünde, dass sich dies auch musikalisch äussert.

Inzwischen bin ich davon überzeugt, dass es solche Verbindungen (Instrument zu Leben) gibt. Allerdings sollte man sich davor hüten, alles was auf dem Instrument (und im Unterricht) passiert, nun sofort interpretieren zu wollen. Aufgrund der Eigenschaften und dem Verhalten des Schülers, kann der Lehrer jedoch meist bald voraussagen, wo es bei diesem Schüler wohl zu Problemen kommen wird und wo nicht – vorausgesetzt der Lehrer konnte sich ein zutreffendes Persönlichkeitsbild vom Schüler bilden.

Deine mentale Einstellung zur Sache

Die Fraktion des Positivdenkens schwört darauf, dass es zuerst die richtige Einstellung brauche. Positiv denken und positive Visualisierungen sollen dabei helfen, Ziele mit Sicherheit zu erreichen.

Grundsätzlich ist es richtig, dass eine gute mentale Einstellung sehr hilfreich beim Erlernen eines neuen Gebiets ist, jedoch müssen wir uns hier vom „puren Positivdenken" bzw. „rosarote Brille - Denken" hüten.

Unreflektiertes Positivdenken führt oft zu hohen Erwartungen wie: „Ich werde meine Ziele leicht und sehr schnell erreichen!"

Falls diese Ziele tatsächlich schnell und leicht erreichbar sind, gewinnt der Positivdenker. Sollte er jedoch auf unerwartete Widerstände stossen, kann es sein, dass sich Enttäuschung oder gar Frustration breit macht, was zum Abbruch des Versuchs der Zielerreichung führen kann.

Hat jemand jedoch eine gute mentale Einstellung zur Sache, sind die Erfolgschancen von dieser Seite her erstmal gut. Die Einstellung sollte jedoch realistisch sein. Dies beinhaltet auch, dass es in Zukunft wohl auch Phasen geben wird, in denen der Fortschritt nicht immer schnell sein wird.
Der Erfolg wird deshalb grösser sein, weil der Lernende vom unerwarteten Widerstand nicht überrascht wird, diesen nicht als

sein eigenes Versagen, sondern als natürlichen Teil des Lernprozesses interpretiert – und schliesslich diesen Widerstand als motivierende Herausforderung sieht.

Ein „Kämpfertyp" jedoch, wird sich durch Misserfolge wohl eher noch motivierter fühlen: "Jetzt erst recht! Ich werd's euch allen zeigen!"

Die mentale Einstellung deines Lehrers

In Studien wurde nachgewiesen, dass der Lernerfolg bei Schülern ebenfalls von der Einstellung des Lehrers zum Schüler abhängt. Dies bedingt, dass der Lehrer ein gutes Bild der Möglichkeiten und Fähigkeiten des Schülers hat und auch genügend Erfahrung im Unterricht.

Kommt ein Schüler zu mir und glaubt, etwas wohl gar nie spielen zu können, dann leite ich das Üben des Schülers mit einer auf die Aufgabe und den Schüler passenden Lerntechnik an. Eigentlich geht es mir zuerst nur darum, dass der Schüler seine Einstellung von „nie möglich" auf „ist irgendwann möglich" ändert. Diese Änderung vollzieht sich in seinem Gehirn, weil er unter meinen Anleitungen erste Erfolge, welche er Zuhause beim Üben nicht hatte, erfährt.

Nach den ersten Erfolgen versuche ich abzuschätzen, wie ich das kurzfristige Steigerungspotential des Schülers sehe. Ist dieses Steigerungspotential mittel bis hoch, teile ich dem Schüler das mit. Achtung: Ich teile dies nur mit, wenn ich mir fast ganz sicher bin, dass die Herausforderung nicht zu hoch ist. Und in den meisten Fällen gelingt es mir in der Folge auch, den Schüler noch eine Etage höher zu begleiten.

Wichtig ist mir als Lehrer auch die persönliche Wertschätzung meiner Schüler. Nie darf ein Schüler vor allem als Quelle des Lebensunterhalts des Lehrers gesehen werden. Meiner Ansicht nach sollte der Lehrer ein tiefergehendes Interesse am musikalischen Vorankommen des Schülers haben – denn dies wird ein Schüler spüren, was sehr motivierend für ihn ist.

Tatsächlich ist es so, dass nicht jeder Schüler gleichermassen auf die Einstellung des Lehrers reagiert - der eine mehr, der andere weniger. In jedem Fall aber sollte sich der Schüler in Gegenwart des Lehrers gut fühlen können, da ansonsten unter Umstanden zusätzlicher Stress beim Vorspielen hinderlich werden kann.

Schüler - Lehrer Inkompatibilitäten

Nun, eigentlich braucht es ja immer zwei Personen. Eine die vermeintlich „schwierig" ist, und eine andere die dies feststellt. Das heisst, dass meist der Lehrer auch einen Anteil am „schwierigen Schüler" hat.

Grundsätzlich beobachte ich, dass es meist nur drei Arten von Problemen geben kann:

- Persönliche Inkompatibilitäten
- Unterschiedliche Lernauffassungen (Lernweg/Inhalte)
- Spezielle / seltene Lernvoraussetzungen

Persönliche Inkompatibilitäten

Hierbei handelt es sich schlicht um die Kompatibilität der Persönlichkeiten. Meist kann ich als Lehrer zu einem Schüler schnell eine Verbindung aufbauen, ihn einschätzen, mir in gewisser Weise ein Bild von ihm machen. Dies ist eine bestimmende Komponente, was, wann und wie ich dem Schüler etwas näher bringe.

In der Anfangsphase des Unterrichts geht es auch darum, den Unterricht aufzusetzen (wie ich es nenne und auch schon früher erwähnt habe). Das Resultat von diesem „Aufsetzen" ist, wie schon im Teil II dieses Buches erwähnt, dass Schüler und Lehrer die gleichen Ziele vor Augen haben und beide am gleichen Seil in die gleiche Richtung ziehen. Beide haben das Gefühl, dass „es" stimmt im Unterricht, und dass sie sich den gesetzten Zielen auch annähern. Beide vertrauen dem Gegenüber, alles zu tun, um die Ziele zu erreichen.

Wenn es in meinem Unterricht passiert, dass ich dieses Gefühl nicht bekomme und auch die Fakten dafür sprechen, dass es tatsächlich so ist, informiere ich den Schüler. Dabei verzichte ich auf Schuldzuweisungen. Dies tönt dann in etwa so: *„Lieber Schüler, ich habe das Gefühl, dass unser Unterricht noch nicht dort angekommen ist, wo er sein sollte. Ich fühle sogar, dass du nicht wirklich zufrieden bist. Ich möchte dir jedoch weder einen unterdurchschnittlichen, noch einen durchschnittlichen Unterricht geben, weil mich das nicht befriedigt. Ich möchte das mittelfristig unbedingt ändern, weil dieser Zustand langfristig für uns beide keinen Sinn macht."*

Persönliche Inkompatibilitäten können z.B. Misstrauen wecken oder einen Unterricht schliesslich verunmöglichen.
Mit dem oben geschriebenen Statement versuche ich, den Schüler ins Boot zu holen und teile ihm mit, dass auch ich der Meinung bin, dass etwas nicht so läuft, wie es sollte. Dies ist wichtig, denn

wenn der Schüler das auch so sieht, dann nehme ich ihn ins Teamboot, und wir ziehen am gleichen Seil in die gleiche Richtung.

Dabei sind nun beide gefragt, den Unterricht in gegenseitigem Einvernehmen richtig aufzusetzen. Der Lehrer sollte auch versuchen, festzustellen, weshalb dies nicht ganz selbstverständlich möglich war. Des weiteren sollte er anerkennen, dass dieser Schüler ihm eine gute Möglichkeit bietet, zu lernen – und den nächsten „ähnlich gelagerten Schüler" möglicherweise schneller ins Boot zu holen. Dieser für den Lehrer „schwierig erscheinende Schüler", bietet auch einem sehr erfahrenen Lehrer noch Potential zur Entwicklung, wenn er daran interessiert ist. Das ist doch eine gute und motivierende Nachricht für den Lehrer!

Unterschiedliche Lernauffassungen

Ein Lehrer hat seinen Unterrichtsstil und seine Wege, welche mehr oder manchmal auch weniger flexibel sind. Auch Lehrer sind Menschen und bewegen sich meist lieber auf sicherem Terrain, als im unbekannten Sumpf. Persönlich versuche ich, meinen Unterricht möglichst flexibel den Zielen der Schüler anzupassen, habe jedoch z.B. den Anspruch, nicht ein „Fingerzeiger" zu sein. Unter einem „Fingerzeiger" verstehe ich ein Lehrer, welcher dem Schüler in erster Linie zeigt, wohin der Schüler seine Finger bewegen muss – in der Hoffnung das führe zum Ziel – und im Glauben, das sei Unterricht.

Ich versuche, dem Schüler auch viel nicht Offensichtliches – Hintergründiges zu zeigen, verschiedene Sichtweisen darzulegen, damit der Schüler selbständig und entscheidungsfähig wird.

Entscheidungsfähig zu wissen, warum er wann welchen Weg geht und welche Vor- und Nachteile damit verbunden sind. Dies ist ein Punkt, welcher mich glauben lässt, dass ich einen guten Job mache welcher mich somit befriedigt. In gewisser Weise leiste ich so Hilfe zur Selbsthilfe und befähige den Schüler, in diesem Rahmen auch selbständig ohne mich, weiter zu lernen – zumindest bis zu einem bestimmten Punkt.

Bei wenigen Schülern kommt es vor, dass sie aus irgendwelchen Gründen schon mit einer relativ starren Vorstellung, wie ein Musikunterricht wohl abläuft, in den Unterricht kommen – und hier kann es zu Inkompatibilitäten kommen, welche entweder bereinigt werden müssen – oder im ärgsten Fall den Unterricht verunmöglichen. Wenn der Lehrer zur Auffassung kommt, dass der Unterricht unter den gegebenen Umständen unmöglich ist und er keine Möglichkeit sieht, das zu verändern, ist er verpflichtet, dies dem Schüler mitzuteilen. Falls er nach Absprache mit dem Schüler zum Schluss kommt, dass sich an der Situation nichts ändern lässt, ist der Unterricht im gegenseitigen Interesse und auch aus ethischen Gründen so schnell wie möglich zu beenden. Denn Privatunterricht ist teuer – und der Schüler soll nur so lange bezahlen, wie man auch glaubt, dass eine Lösung möglich ist und man auch aktiv daran arbeitet.

Soziale Unverträglichkeiten

Hier ein Beispiel aus der Praxis, allerdings spielte sich der folgende Fall zwischen zwei Schülern ab:

Ich hatte zwei Schüler, der eine ist Informatikprojektleiter, der andere im Private-Equity Business tätig und zwar als CEO. Beide Schüler in der Alterskategorie 40-Plus. Der Zweite fuhr auch das entsprechend teure Auto.

Persönlich mochte ich beide sehr, und ich finde es immer spannend, in andere Welten zu schauen und zu verstehen, wie diese funktionieren.

Eines Abends verliess ich zusammen mit dem Projektleiter das Unterrichtslokal und das Auto des anderen Schülers fand keinen Parkplatz, weil alle schon besetzt waren. Also sagte ich dem Projektleiter, dass er ja schnell abfahren könne, damit der andere Schüler den Parkplatz übernehmen könne. Ich konnte meinen Augen wirklich nicht trauen, wie der Projektleiter sich demonstrativ langsam Zeit nahm, sein Auto auszuparken. Auch die Mimik gegenüber dem noch im Auto sitzenden Nachfolger liess keinen Zweifel übrig, dass in diesem „bösen" Auto ein böser Mensch sitzen musste.

Nun ist's ja nicht so, dass der Projektleiter gerade durchschnittlich verdient hätte, jedoch scheint es so, dass hier das Einkommensgefälle Vorurteile in einem der Menschen ausgelöst hat – absolut unbegründet.

Interessanterweise haben sich diese zwei Schüler zu einer späteren Gelegenheit, nach einer Lektion, wieder getroffen und sich gut verstanden – was in meinen Augen bekräftigt, dass es sich in meiner vorherigen Beschreibung um Vorurteile handelte.

Ich selbst versuche, den Menschen einfach so zu nehmen, wie ich ihn erfahre. Dabei hatte ich schon einen Ex-Drogensüchtigen, Sozialbezüger oder auch den CFO einer weltbekannten Firma bei mir im Unterricht. Wie ich finde, ist die Welt einfach zu kompliziert, als dass ich mir anmassen könnte, diese Menschen z.B. aufgrund ihres Bankkontos einzuordnen. Ich finde auch, dass jeder Mensch eine Chance verdient, zu zeigen, wer er wirklich ist – egal welche Vorurteile eventuell bestehen.

Intelligenz (IQ) und Musizieren

IQ Intermezzo: Wenn ich von einem tiefem IQ schreibe, ist dies auf keinen Fall wertend gemeint. Der „Wert" des Menschen definiert sich nicht über den IQ, sondern über seine Handlungen. Es gibt genug Beispiele, die zeigen, dass ein Mensch mit hohem IQ verwerfliche Handlungen vollzieht, genauso wie dies ein Mensch mit tieferem IQ auch kann. Darum ist der IQ isoliert betrachtet nur eine Zahl. Was man damit macht, ist eine andere Sache.

In der realen Welt ist es jedoch so, dass wir kaum jemandem begegnen werden, der stolz auf seinen tiefen IQ ist. Auf jeden Fall sind mir in meinem Leben einige Menschen mit (auch nach ihrer eigenen Aussage) sehr überdurchschnittlichem IQ begegnet, aber die andere Hälfte (welche unter 100 Punkten liegt) schweigt mehr oder weniger zu der Zahl.

Um auf die springende Frage zu kommen: Wie intelligent muss ich sein, um ein Instrument zu erlernen?

Wenn wir uns in der neueren Musikgeschichte umschauen, wird es offensichtlich, dass nicht jeder Musiker ein IQ-Genie ist. Wenn man gewisse „harte Rocker" anschaut, überkommen einen vielleicht überhaupt Zweifel, ob der entsprechende Musiker über ein Gehirn verfügt, um jetzt mal lächelnd zu übertreiben.

Gewisse Dinge sind in der Musik eher intuitiv zu erfassen, andere

Dinge sind zuerst eher mit dem Kopf zu verstehen. Ideal ist das jeweilig richtige Gemisch.

Nun gibt es Menschen, bei denen die intuitive Seite stärker ausgeprägt ist, aber die intellektuelle Seite unterdurchschnittlich. Wenn wir das auf den IQ reduzieren wollten, dann würden wir sagen, dass dieser Mensch einen verhältnismässig tiefen IQ hat.

Im weiteren stellt sich nicht nur die Frage, wie stark die intellektuellen und intuitiven Fähigkeiten vorhanden sind, sondern auch, wie sie eingesetzt werden. Ein sehr kopflastiger Mensch kann versucht sein, die Musik vor allem über den Kopf zu erfassen, alles unter bewusster Kontrolle zu haben, was im Resultat zu Blockaden und Überlastung der CPU - unserem Gehirn - führen kann.

Es ist also von Vorteil, wenn ein Mensch einen Zugang zur Musik entwickelt, welcher dem entspricht, was der Musik nahe kommt. Nämlich einer Mischung von Gefühl-Intuition und auch Kopf - dies im richtigen Verhältnis, austariert mit den persönlichen Eigenschaften des Schülers. Gerade hier kann ein guter Lehrer sehr helfen, diese verschiedenen Aspekte mit dem Schüler zusammen auszubalancieren.

Die Essenz ist, dass man nicht besonders intelligent sein muss, um ein Instrument zu erlernen. Eine gewisse „logische" Intelligenz und Erfahrungen im Erlernen von (neuen) Dingen sind dabei hilfreich.

Oft sehe ich, dass Leute, die von einem oder vom anderen klar zu wenig haben, im Verlauf des Unterrichts auf Probleme stossen.

Wenn ich jedoch eine Prognose machen müsste, ob ein nicht so IQ–intelligenter Gefühlsmensch oder das IQ–Genie ohne gefühlsmässige Verbindung zum Instrument besser zum Musik machen geeignet sind, würde ich klar sagen, dass der Gefühlsmensch mit niedrigem IQ musikalisch wesentlich weiter kommt. Schliesslich muss absolut nicht jede Musik per se vollständig, intellektuell verstanden werden, wie dies bei komplexer Improvisation meist der Fall ist.

Deine Lerntechnik

Die angewandte Lerntechnik, bzw. dein Verhalten während eines Lernprozesses, ist ein weiteres Schlüsselelement für ein erfolgreiches Vorankommen. Ich erlebe es immer wieder, dass ein Schüler zu mir enttäuscht in den Unterricht kommt, weil er sein Wochenziel trotz Üben nicht erreicht hat.

Ich bitte den Schüler, mir zu zeigen, wie er geübt hat. Dabei analysiere ich seinen Lernprozess und optimiere diesen. In den allermeisten Fällen bringe ich den Schüler in den nächsten 10-20 Minuten durch Anwendung eines auf ihn passenden Lernprozesses soweit, dass er sieht, dass er in dieser kurzen Zeit einen deutlich spürbaren Fortschritt gemacht hat.

Zum Schluss ist es wichtig, dass man nach dieser Erfahrung analysiert, wie dieser Erfolg zu Stande gekommen ist. Was hat der Lehrer wann und warum gesteuert? Im Verlaufe des Lernprozesses schätzt der Lehrer fortlaufend das Resultat ein, zieht Folgerungen, weshalb der Schüler zum Erfolg kam und in welchem Grad, oder weshalb der Schüler unter Umständen nicht zum Erfolg kam. Mit diesen Erkenntnissen kann der Lehrer den Schüler im Lernprozess in „Realtime" steuern, und der Schüler kann sich ausschliesslich auf seine Aufgabe (das Üben) konzentrieren. In der gemeinsamen Analyse des erfolgreichen Übungsablaufs lernt der Schüler, viel reflektierter zu üben und vor allem: Zuhause einen solchen Ablauf selbständig nachzuvollziehen. Dieser Schritt kann die Lerneffizienz des Schülers beim Üben Zuhause in einigen Fällen sogar um Faktoren(!) erhöhen.

Schliesslich ist es mir ein tiefes Anliegen, dass meine Schüler kontinuierlich selbständiger werden, wobei das unterliegende Ziel eigentlich ist, mich überflüssig zu machen – früher oder später, je nachdem, wie hoch die Ziele des Schülers gesteckt sind.

Die Lerntechnik ist gerade deshalb so wichtig, weil der Schüler Zuhause keinen korrigierend eingreifenden Lehrer hat und ganz auf sich selbst gestellt ist – womit er auf einen möglichst guten Lernprozess angewiesen ist, um seine Ziele so einfach und schnell wie möglich zu erreichen.

Dein Durchhaltewille

*Die Kunst ist, einmal mehr aufzustehen,
als man umgeworfen wird.*

- Winston Churchill

Wenn du etwas Langfristigeres erfolgreich zu Ende bringen möchtest, dann brauchst du einen guten Durchhaltewillen. Dies gilt natürlich ganz allgemein im Leben und nicht nur für den Musikunterricht.

Hier und da wirst du hören[3], dass „es" ja ganz einfach ist und es eigentlich jeder lernen kann – und dies ist einfach falsch. Einige Dinge werden dir einfacher von der Hand gehen, andere werden schwieriger sein. Wenn du deine Ziele realistisch und unter Einbindung deines Lehrers setzt, sind die Ziele in aller Regel erreichbar.

Praktisch immer wirst du auf deinem Lernweg auch auf ein Lernplateau stossen, was heisst, dass du das Gefühl hast, einfach nicht mehr voranzukommen, obwohl du übst. Wenn das passiert, solltest du dir bewusst sein, dass wenn du das Plateau überwindest, die Arbeit für die Überwindung VOR der spürbaren Überwindung von dir geleistet wurde – also genau in der Zeitspanne, in der du dachtest, dass du gar nicht mehr vorwärts kommst. Die spürbare Überwindung des Plateaus ist nur die Ernte deiner Saat.

Deine (Un-)geduld

Jede Eigenschaft wie „Ungeduld" hat positive und negative Aspekte. Ungeduld könnte im herkömmlichen Business auch heissen, dass die entsprechende Person „nichts anbrennen lässt", eine Sache produktiv und proaktiv angeht. Andererseits könnte sich Ungeduld auch gegenüber anderen Mitarbeitenden zeigen, was einen negativen Einfluss auf das Arbeitsklima haben kann.

Ungeduld beim Erlernen eines Instruments erachte ich praktisch immer als dem Resultat nicht sehr zuträglich. Dazu kommt, dass dadurch auch der Weg zum Ziel unruhiger oder sogar stressbelastet werden kann. Viele Menschen lernen ein Instrument

---

3   Zum Beispiel auf Webseiten von Musiklehrern, welche „Marketing" betreiben.

zu spielen, um sich aktiv entspannen zu können – sich einmal auf etwas anderes zu fokussieren, als auf die oft unruhige Arbeitswelt. Doch dann bringen sie diese Unruhe eben auch in den Musikunterricht und allenfalls in ihr persönliches Üben.

Im Unterricht sprach ich einen gestressten Manager auf dieses Thema an. Seine Antwort: *„Vielen Dank Oliver, dass du mich wieder daran erinnerst, warum ich überhaupt mit dem Gitarre spielen angefangen habe! Um mich zu entspannen und nicht um auch hier noch einen Leistungswettbewerb gegen mich selbst und meine Zielvorstellungen zu veranstalten!"*

Es ist für die Aufrechterhaltung der Motivation nötig, spürbare Fortschritte zu erzielen, allerdings bewegt man sich im Privatunterricht nicht in einem fix vorgegebenen Fahrplan, dessen Nicht-Einhaltung Konsequenzen mit sich bringt.

Manchmal ist es also ratsam, auch mal einen Gang zurückzuschalten und das Privileg, das Privatunterricht mit sich bringt, zu geniessen – denn nicht jeder Mensch, der gerne Unterricht hätte, kann sich diesen leisten.

Dein Alter als Lernende/r

Viele Menschen zögern, ein Instrument zu lernen. Einige davon denken, sie seien wohl schon zu alt dafür. Als Lehrer habe ich mich auf das erwachsene Gehirn spezialisiert. In der Tat sind meine Schüler heute vor allem junge Erwachsene bis Rentner.

Eine Einschränkung, welche meiner Erfahrung nach durch das Alter gegeben zu sein scheint, ist das noch mögliche erreichbare maximale Spieltempo. Ich kann mich zum Beispiel nicht erinnern, dass ein Schüler welcher keine Vorkenntnisse hatte, und nach dem Alter von 40 Jahren angefangen hatte, sein Musikinstrument zu erlernen, durchgehende Sechzehntelnoten-Linien noch wesentlich schneller als bei 120 BPM (Beats per Minute) spielen konnte. Das entspricht 8+ Noten pro Sekunde.

Dabei könnte man als Grund anfügen, dass es einfach länger dauert, je später man anfängt. Jedoch versuche ich, auch hier noch etwas tiefer unter die Motorhaube zu schauen.

Ich sehe dafür verschiedenste spezifischere Gründe:

- Ab einem gewissen Alter will ein erwachsener Mensch nicht noch hunderte bis tausende Stunden relativ monotone Übungen praktizieren, vor allem da uns Youtube sicher irgendeinen 14-Jährigen zeigt, welcher solche Übungen im doppelten Tempo spielt. Die Ansprüche bei Menschen ab 40 gehen eher in die Richtung, sich auf dem Instrument ausdrücken zu können – oder bei einem Begleitmusiker: Einfach Musik zu machen und Freude zu haben.

- Das Üben von relativ monotonen Übungen vermag es nicht, im reiferen Gehirn des Übenden langfristig *neuroplastische Botenstoffe*[4], welche in unseren Gehirnen

---

4 Wenn sich jemand für etwas so richtig begeistert, werden neuroplastische Botenstoffe ausgeschüttet. Dieser Hormoncocktail bewirkt, dass die aktiven Regionen in seinem Gehirn beim Lernen leistungsfähiger werden. Im zunehmenden Alter sammelt der Mensch jedoch immer mehr Erfahrungen, welche die alltäglichen Dinge im Leben nicht mehr so aufregend erscheinen lassen – das „euphorische Maximum" junger Jahre wird nicht mehr erreicht. Dadurch haben wir weniger dieser Botenstoffe aktiv im Gehirn, und unsere Fähigkeit zu lernen, ist vermindert. Daher lohnt es sich, immer zu wissen, wie man sich für etwas Neues begeistert.

eine Art Düngerfunktion haben, freizusetzen, womit das Lerntempo nicht zusätzlich beschleunigt wird.

- Meiner Meinung nach können schon seit langem vorhandene, ausgeprägte und vertiefte Strukturen im reiferen Gehirn bei Lernprozessen Hindernisse darstellen. Dies können, wenn wir es aus psychologischer Sicht anschauen, auch limitierende Glaubenssätze sein.

Eine Studie hat die kognitiven Fähigkeiten von ca. 60-Jährigen gemessen und dies ca. zehn Jahre später nochmals gemacht. Das relativ ernüchternde Resultat war, dass praktisch alle in ihren kognitiven Fähigkeiten Einbussen hatten. Das Interessante dabei ist, dass nicht alle Probanden von diesen Einbussen betroffen waren!

Tatsächlich konnten 8 % der Gruppe ihre Leistungen halten oder gar etwas ausbauen. Und das sind die 8 %, welche uns interessieren! Warum ist das möglich?

Meine Mutmassung ist, dass dies Menschen sind, welche lebenslang gelernt haben. Menschen, welche immer wieder Neues für sich entdeckten und sich dazu motivieren konnten, auch noch dies und das zu verstehen, obwohl es eigentlich gar nicht nötig gewesen wäre.

Wenn ein Mensch altert, ist es häufig so, dass er sich auf die Aktivitäten beschränkt, mit welchen er ohnehin schon vertraut ist. Denn dort fühlt er sich sicher und sein Gehirn bringt ihn auch automatisch dazu, sich auf den schon tief eingefahrenen Autobahnen zu bewegen und lässt es schon fast nicht mehr zu, sich daran zu machen, einen neuen Pfad zu bilden. Jeder von uns weiss wohl, dass es meistens einigen Effort braucht, wenn wir Gewohnheiten brechen wollen.

Das Risiko dabei ist nun, dass sich unser Gehirn auf diese Weise schon fast im Autopilot–Modus befindet, ohne dass wir das bemerken würden. Wir könnten es noch drastischer und provokant-übertrieben ausdrücken: Das Hirn ist scheintot.

Deine Begabung

Eine der meist gestellten Fragen an Musiklehrer ist: „Habe ich genug Begabung?" Meiner Schätzung nach haben 90 % aller Schüler genügend Begabung, um auf dem Instrument etwas zu erreichen, damit Spass zu haben.

Begabung ist komplex

Allgemein führt mich aber die Frage nach der Begabung automatisch zu der WARUM–Frage. Denn Musik ist in sich viel zu komplex, als dass man einfach von Begabung sprechen könnte. Diese „Begabung" müssten wir zerlegen und die Begabung des Schülers bezüglich den einzelnen Begabungsteilen (z.B. Rhythmik, Gehör, Gefühl für das Metrum, gefühlsmässige und zeitliche Antizipation zukünftiger musikalischer Ereignisse etc.), beurteilen. Wenn wir das tun, dann können wir einen Schüler viel besser fördern, als einfach generell zur Aussage zu kommen: „Zu wenig Begabung".

Zum Beispiel kann es sein, dass ein Schüler über lange Zeit, wenn er versucht, zu improvisieren, nichts Richtiges zu Stande bringt. Er versucht dabei immer, zu zählen, weil er wissen möchte, in welchem Takt des viertaktigen Ablaufs er sich befindet. Dies absorbiert seine Kapazität so sehr, dass er nicht mehr richtig spielen kann.

Hier gibt es die Möglichkeit, dass man den Schüler einfach der Musik zuhören lässt und ihn immer, wenn der Akkord wechselt, auffordert zu klatschen – und zwar: ohne zu zählen. Dies bereitet dem Schüler keine Mühe! Wenn er aber gleichzeitig spielen soll, dann ist es für diesen Schüler nicht möglich, automatisch zu wissen, wann der Akkord wechselt und er wird dafür sein Gehirn kognitiv in Anspruch nehmen. Dies verhindert, dass er intuitiv spürt, wo er sich befindet – so wie er das immer weiss, wenn er bloss einem Song zuhört.

Der nächste Schritt könnte sein, dass man die Komplexität dessen, was der Schüler improvisiert, sehr reduziert – auf anfänglich eine Note pro Takt, später mehr. Dies lässt dem Schüler Raum, sich auch auf die akustischen Eindrücke zu konzentrieren. Schliesslich läuft das Erkennen des Akkordablaufs viel mehr intuitiv, und es bedarf keines Zählens mehr. Dies kann für den Schüler zur Folge haben, dass er auf einen Schlag um zwei Klassen besser spielt.

Wir Musiklehrer dürfen uns nicht mit dem Urteil „zu wenig Begabung" zufrieden geben, sondern müssen uns bemühen, Erklärungen zu liefern. Ein Musiklehrer, welcher diese viel zu pauschale Erklärung verwendet, legt eigentlich die ganze Verantwortung in die viel zu kleinen Hände des Schülers und nimmt sich aus der Sache raus, nach dem Motto: „Ich nicht, aber du schon!"

Aber das ist sicherlich nicht die Aufgabe eines Lehrers – darum ist es wichtig, immer die WARUM–Frage zu stellen, wenn wir etwas nicht verstehen.

Bauch- oder Kopflerner

Als Lehrer interessiert es mich sehr, wie ein Schüler lernt. Einige Schüler versuchen, sich der Musik mehr über die Intuition anzunähern. Andere versuchen, sie eher über den Kopf zu erlernen.

Meiner Erfahrung nach ist es die beste Konstellation, wenn der Schüler aufgabengerecht auf beide Ressourcen zurückgreifen kann.

Je mehr ein Schüler Anfänger ist, desto mehr kann er sich primär über den „Bauch" - seine Intuition - orientieren[5]. Wenn es später anspruchsvoller wird, wird das „Kopfverständnis" oft immer wichtiger, weil sonst das Einordnen des Gelernten immer schwieriger wird und sich oft eine Art Lernplateau einstellt. Abschliessend, d.h. wenn der Schüler die kognitiven Aspekte dermassen verinnerlicht hat, dass das Gelernte ins Intuitive übergeht, haben wir ein grosses Ziel erreicht und die (z.B.) Improvisation wird wieder viel intuitiver und der bewusst-kognitive Teil tritt wiederum in den Hintergrund.

Wenn ein Schüler ein extremer Kopf- oder Bauchmensch ist, halte ich es für definitiv besser, ein „Bauchmensch" zu sein. Denn Musik findet im Endeffekt mehr im Bauch statt im Kopf statt. Dies gilt sogar für sehr erfahrene Musiker – im Endeffekt spielen sie eher aus dem Bauch. Aber Achtung: Dies erklärt noch nicht deren Weg! Denn bis dahin haben sie sehr viele theoretische Strukturen gelernt und diese auf ihr Instrument übertragen – diese so weit vertieft, dass sie das Gelernte praktisch intuitiv auf ihrem Instrument umsetzen. Das kann schliesslich so weit führen, dass

---

5   Komplexe Improvisation würde jeden Anfänger kognitiv bei weitem überfordern. Ein Anfänger ist kognitiv sowieso schon genügend gefordert, weil er sich z.B. Fingersätze und Abläufe merken muss.

ein solcher Musiker Schwierigkeiten hat, ein (guter) Lehrer zu sein, weil er nicht mehr wirklich weiss, wie er so weit gekommen ist, dass er so gut spielen kann. Er kann seinen Schülern dann den Weg gar nicht mehr aufzeigen, weil ihm dieser nicht mehr bewusst ist. Der Musiker hat die Stufe der „unbewussten Kompetenz" erreicht: Er ist kompetent, aber ist sich nicht mehr bewusst, wie der Prozess zur Erlangung der „unbewussten Kompetenz" war. Obwohl er ein Meister seines Fachs ist, kann er kein guter Lehrer, der eine grosse Bandbreite von Schülern unterrichten kann, sein.

Die Begabung deines Lehrers

Wenn wir über vorhandene Begabungen innerhalb eines Teams sprechen, sollten wir auch einen Gedanken an den Lehrer im Schüler-Lehrer-Team verlieren.

Um dies nochmals in Erinnerung zu rufen: Der durchschnittliche Lehrer unterrichtet durchschnittlich. Fünfzig Prozent der Lehrer unterrichten also in unter- bzw. überdurchschnittlicher Qualität.
Fünf bis zehn Prozent der Lehrer geben in etwa einen exzellenten Unterricht.

Der Lehrer sollte meiner Meinung nach beim Unterrichten eine gewisse Passion haben. Er sollte wenn möglich fühlen, dass er beruflich am richtigen Ort angekommen ist. Denn dieses Gefühl ist dabei hilfreich, sich weiter zu entwickeln und immer danach zu streben, den Unterricht nicht im Autopilotmodus laufen zu lassen.

Es ist unendlich wertvoll, einen zu sich passenden Lehrer, welcher auch wirklich danach strebt, guten Unterricht zu geben, zu haben. Im Idealfall kann sich der Lernfortschritt dadurch sogar drastisch steigern.

Die WARUM - Frage

Für mich ist die WARUM-Frage in meinem Leben zentral, um Dinge zu erkennen, zu verstehen, zu erklären und schliesslich ändern zu können! Dies gilt für mich nicht nur im Allgemeinen, sondern speziell auch für meinen Unterricht: Wenn ich verstehen kann, WARUM etwas so ist, wie es ist, kann ich im nächsten Schritt dazu übergehen, Konzepte und Schritte zu finden, welche Änderungen bewirken. Und nichts anderes tun wir eigentlich, wenn wir lernen: Wir ändern Teile unserer Gehirnstruktur – wir verändern einen ganz kleinen Teil des eigentlichen „unser Selbst" - und über lange Zeit vielleicht auch einen grösseren Teil.

Wenn ein Schüler etwas nicht kann, dann ist es für mich zentral, zu verstehen, warum dies so ist.

Prinzipiell bin ich erst zufrieden, wenn ich mir erklären kann, WARUM ein Schüler etwas nicht kann/konnte. Ich will verstehen, WARUM es logisch und nachvollziehbar ist, dass ein Schüler etwas nicht spielen kann oder nicht so, wie er sich das vorstellt.

Erst nach dem Erkennen des WARUMS, kann ich auf den Schüler passende Massnahmen treffen, um ihn seinen Zielen näher zu bringen.

Um die WARUM – Frage beantworten zu können, brauche ich als Lehrer unter anderem:

- Ein gutes Gespür für den Schüler
- Die Einstellungen des Schülers zu kennen

- Die Lerntechnik des Schülers zu kennen
- Erfahrung
- Etwas Begabung als Lehrer
- Interesse am Schüler
- Die Fähigkeit (z.B.) Lerntechniken an die Bedürfnisse des Schülers anzupassen

Alternative Unterrichtsmethoden

Alternative Lern- oder Unterrichtsmethoden unterscheiden sich von nicht alternativen Methoden, indem sie wissenschaftlich nicht oder nicht in vollem Umfang bestätigt sind.

Solche Methoden oder Elemente davon können zum Beispiel sein:

- NLP (**N**euro**l**inguistische **P**rogrammierung)
- Suggestopädie / Super-Learning

Ich möchte solche Methoden insgesamt nicht von vorne herein ablehnen, sondern ein paar Gedanken dazu verlieren.

Offenbar gibt es eine Anhängerschaft dieser Methoden, welche auf sie schwört und auch von sehr positiven Erfahrungen berichtet. Es wird davon berichtet, dass man in der gleichen Zeit, verglichen mit herkömmlichen Methoden, signifikant mehr gelernt hat – und dies auch entspannter.

Unabhängigen wissenschaftlichen Untersuchungen ist es bisher nicht gelungen, das deutlich schnellere Lerntempo (z.B. 3 bis 5 Mal schneller) nachzuweisen bzw. zu reproduzieren. Tatsächlich scheint es jedoch so, dass die Lernenden sich während und nach dem Lernen entspannter fühlen, was absolut einen Wert hat. Angeblich gibt es Studien, welche die Überlegenheit alternativer Methoden bestätigen, jedoch können diese aus wissenschaftlicher Sicht nicht als verlässliche Studien bezeichnet werden, da die Ersteller eine vorgefasste Meinung zum Thema haben und somit nicht neutral sind oder die Methodik dieser Studien wissenschaftlichen Kriterien nicht genügt.

Wie also kommen verschiedene Seiten auf solch unterschiedliche Resultate? Besteht die alternative Seite einfach aus einer Ansammlung von Scharlatanen, welche ihre Positionen gemeinsam beschlossen haben und zu ihren Vorteilen verteidigen?

Meine Meinung dazu ist, dass sich tatsächlich eine Leistungssteigerung zeigen kann, auch eine sehr deutliche, jedoch nicht bei jeder Person. Solche beispielsweise suggestopädischen Kurse ziehen möglicherweise genau die Klientel an, welche eben auf die Methode anspricht und sich auch sehr bewusst mental darauf einlässt. Tatsächlich hat man unter wissenschaftlichen Bedingungen festgestellt, dass zum Beispiel der Behandlungserfolg eines Arztes von der Arzt-Patientenbeziehung abhängig sein kann. Das Behandlungsresultat kann besser ausfallen, wenn der Patient gegenüber dem Arzt grosses Vertrauen in dessen Fähigkeiten hat, das Problem zu lösen.

Menschen, welche in ihrer inneren Haltung solche Methoden ablehnen oder als „esoterisch" abstempeln, können eine Wirkung wohl kaum oder weniger deutlich erleben. Das scheint mir nachvollziehbar.

Neutral eingestellte Menschen werden den Lernprozess wohl eher als entspannt beschreiben, auch wenn sie wohl nicht signifikant mehr gelernt haben, zumindest nicht drei- bis fünfmal mehr, wie das oft behauptet wird. Aber gerade Menschen, welche in herkömmlichen Lernsituationen schnell gestresst sind, können wohl durch die entspanntere Lernatmosphäre einen klaren Zugewinn in ihrer Lernperfomance erleben. Auch könnte die entspanntere Atmosphäre dazu beitragen, dass mehr Stoff gelernt werden kann.

Ich hatte am Rande die Möglichkeit, einen solchen Kurs bzw. die darin verwendeten Methoden anzuschauen und musste feststellen, dass einige Methoden auch schon in der klassischen Unterrichtsmethodik enthalten sind und quasi mit einem neuen Anstrich als neu verkauft werden.

Ein Beispiel aus dem Super-Learning: *Übe etwas Schwieriges, wenn du nicht mehr weiter kommst, übe etwas, das dir leicht fällt, wechsle dann wieder zu der schwierigen Übung, dann wirst du die Leichtigkeit des Spiels auf die schwierigere Übung übertragen können.*

Nun, das ist etwas ganz Natürliches, und ich wende ähnliche Methoden in meinem Unterricht täglich an. Was daran so speziell sein soll, bleibt mir ein Rätsel!

Wenn uns also jemand verspricht, dass wir mit seiner Lernmethode ein 300-500 % höheres Lerntempo erreichen, dann würde ich die Frage stellen, wie denn die 100 % genau definiert sind? Ist das ein Unterricht, welcher von einem Autodidakten mit keinerlei fachlicher Bildung gegeben wird? In diesem Fall würde ich (je nach Fall) glauben, dass diese unglaublichen Prozentzahlen sogar stimmen könnten.
Sprechen wir allerdings von einem Top-Unterricht, welcher auch

entsprechend an den Schüler angepasst ist, so ist es meiner Meinung nach schlicht unmöglich, diesen mit den oben genannten Prozentzahlen zu übertreffen. Allerdings tönen solche Zahlen halt immer sehr attraktiv. Welche Messmethode dabei verwendet wird bzw. die genauen Umstände in welchen solche Resultate erreicht werden, bleiben oft etwas zu sehr im Nebel verborgen.

Wann alternative Methoden Sinn machen

Komme ich als Lehrer mit herkömmlichen Mitteln nicht weiter oder sehe ich aufgrund meines Wissens und meiner Erfahrung, dass es sich für diesen Schüler lohnen könnte, alternative Methoden auszuprobieren, dann kann deren Anwendung ins Auge gefasst werden.

Schlägt der Lehrer dies dem Schüler vor, wird der geneigte Schüler den Vorschlag wahrscheinlich annehmen, sofern der Lehrer den Schüler gut genug einschätzt. Wenn der Schüler offen ist für diese Vorgehensweise, kann es gut zu einem positiven Resultat kommen, was ich in der Praxis auch tatsächlich schon erlebt habe und somit bestätigen kann.

Dabei kann es auch eine Rolle spielen, dass sich der Schüler aufgrund der alternativen Methode mental anders einstellt, was dann in der Folge zu einem Erfolg führt. Dies heisst, dass in diesem Fall nicht die alternative Lernmethode selbst oder das alternative Element den Erfolg verursacht hat, sondern es hat bewirkt, dass der Schüler durch die Anwendung der Methode eine mentale Veränderung vollzogen hat, welche ein schnelleres Lernen ermöglicht hat.

Den Unterricht verlassen

Das Verlassen des Musikunterrichts ist für den Schüler meist ein neuer Vorgang. Oft wurde über längere Zeit eine Beziehung aufgebaut und eines Tages – und dieser Tag kommt bestimmt – wird der Unterricht nicht mehr fortgesetzt. Meistens wird dem Lehrer diese Mitteilung mündlich im Unterricht gegeben – und nicht allen Schülern fällt dies gleichermassen leicht.

Mir ist es dabei wichtig, dass ich den Schüler in seiner Entscheidung unterstütze – oder ich zumindest Verständnis ausdrücke. Ein absolutes No-Go ist es, zu versuchen, den Schüler unter Druck zu setzen oder unangebrachte Bemerkungen zu machen.

Praktisches Beispiel:

Eine neue Schülerin hat mir von der Reaktion ihres vorherigen Musiklehrers auf ihre Mitteilung, dass sie seinen Unterricht verlassen werde, berichtet: *„Aber nein, das kannst du mir doch nicht antun! Jetzt hattest du gerade mal 10 Lektionen und gibst schon auf – na komm jetzt, was bist denn du für eine?"*

Interessant wäre es für den Lehrer gewesen, zu erfahren, weshalb die Schülerin schon jetzt den Unterricht aufgibt, denn dann hätte er eine Chance gehabt, sich als Lehrer zu verbessern und die Anzahl für ihn offenbar nicht erwarteter Abgänge in Zukunft zu reduzieren.

Dem Schüler soll sein Ausscheiden aus dem Unterricht möglichst einfach gemacht werden. In einem Reglement kann dazu definiert werden, wie und in welchem zeitlichen Rahmen, die Kündigung erfolgen soll.

Persönlich finde ich es nicht mehr zeitgemäss, wenn man Schüler semesterweise an sich binden will – zu schnelllebig ist die Welt geworden. Aber das ist nur meine Meinung. Gerade Schulen binden die Schüler noch gerne für ein Semester an sich, was ich aus planungstechnischen Gründen auch verstehen kann, solange diese Eigeninteressen der Schule den Schülern klar kommuniziert werden.

TEIL III: Dein Üben Zuhause

Motivation

Die Motivation ist der grundlegende Pfeiler, wenn es um Aktivitäten geht. Sind wir motiviert, fallen uns Dinge leichter. Sind wir demotiviert, können auch einfache Dinge zur Last werden.

Motivation braucht es vor allem, wenn es darum geht, alleine Zuhause zu üben – und über Motivation wurden viele Bücher geschrieben, weshalb ich im Rahmen des mir hier zur Verfügung stehenden Raumes nicht auf dieses komplexe Thema vertieft eingehen will.

Ich möchte dir aber einige Dinge, welche ich in kurzen Sätzen festhalte, mitgeben:

- Sei dir bewusst, was dich anfänglich motiviert hat, um dein Instrument zu lernen. Beobachte, ob sich diese Motivation verändert oder abschwächt. Warum hat eine Veränderung stattgefunden?
- Habe kurz-, mittel- und langfristige Ziele
- Habe Spass beim Üben
- Übe regelmässig
- Wisse immer, warum du eine Übung übst
- Habe Geduld mit dir
- Erwarte etwas von dir, aber erwarte keine Wunder

- Sei dir bewusst, dass es in jedem Lernprozess auch harte Zeiten gibt – das ist normal, also lass dich dadurch nicht entmutigen
- Sei auf keinen Fall faul – dies führt nur sehr selten zum Erfolg
- Lerne von deinen Fehlern und komm somit ein Stück weiter
- Wie leidenschaftlich bist du gegenüber den Dingen, die du tust?

Jeder Schüler ist auch ein Lehrer

Wenn du alleine Zuhause sitzt, hast du keinen Lehrer, welcher dir Anleitungen gibt oder Korrekturen vornimmt. Das ist in dieser Situation deine Aufgabe, was der Grund ist, dass ich meine Schüler in gewisser Weise auch als Lehrer schule. Denn der Schüler muss selbst in der Lage sein, festzustellen, welche Schritte zu einem bestimmten Zeitpunkt im Lernablauf die richtigen sind. Kann ein Schüler dies nicht, droht nicht nur, dass er langsamer lernt, sondern er kann richtiggehend demotiviert werden und vielleicht auch an seiner Eignung, ein Instrument zu lernen, zweifeln.

Die Aufgabe einem Schüler „Lehrertools" zu vermitteln, wird im Unterricht oft vernachlässigt, obwohl das eigentlich kein grosser zusätzlicher Aufwand wäre.

Lernen zu lernen

Einige Schüler bringen schon eine bewusst oder intuitiv gute

Lerntechnik mit. Bei den meisten Schülern gibt es jedoch noch mehr oder weniger grosses Potential, ihre Lerntechnik zu optimieren. Dies beobachte ich, wie an anderer Stelle schon erwähnt, oft auch bei Schullehrern, welche bei mir Unterricht besuchen. Folglich sind auch Lehrer nicht einfach gute, objektive Lehrer für sich selbst. Es ist einfach so, dass man beim Üben zu sehr mit dem musikalischen Teil - und auch mit sich selbst - beschäftigt ist und der wichtige Teil der Auseinandersetzung mit der Findung eines guten Lernweges verständlicherweise oft leidet.

Ich stelle zum Beispiel immer wieder fest, dass Schüler noch in der Automatisierungsphase (eines Ablaufes) viel zu schnell spielen, und dies zu Misserfolgen oder viel langsameren Erfolgen führt. Gerade am Anfang ist die Spielgeschwindigkeit absolut sekundär. Es wäre viel wichtiger, auf korrekten Ablauf, Sauberkeit, wenig Nebengeräusche und als Folge der Anzahl der korrekten Wiederholungen, auf eine gute Automatisierung des zu Lernenden zu setzen. Hier steht uns teilweise unsere Leistungsbereitschaft, unser Effizienzdenken aber auch unsere Ungeduld im Wege.

Der Übungsort Zuhause

Wenn möglich sollte dein Übungsort möglichst ungestört sein und die zum Üben benötigten Mittel wie z.B. dein Instrument, Noten, technische Hilfsmittel wie Metronom, Stimmgerät und Verstärker sollten so aufgestellt sein, dass du direkt mit dem Spielen beginnen kannst. Es soll dir so leicht wie möglich fallen, auf deinem Instrument zu spielen oder zu üben. Wenn du jedes Mal deinen Gitarrenkoffer unter dem Bett hervorangeln und deine in der Wohnung zerstreuten Hilfsmittel zusammensuchen musst, kann es sein, dass du weniger übst – eben deshalb, weil es nicht spontan möglich ist, sondern erst eine gewisse Schwelle überwunden werden muss, bis du spielbereit bist.

Vor dem Fernseher üben

Wenn ich mit einem Schüler versuche, seine Technik zu verbessern, hören wir gemeinsam sehr genau hin. Oft haben die Schüler ihre Sinne noch nicht genügend geschult, um den Unterschied zwischen „praktisch perfekt" und ihrem gegenwärtigen Spiel wahrzunehmen und auch klar auf eine Ursache zurückführen zu können. „Perfekt spielen" heisst für mich, dass es genau so tönt, wie ich es mir vorstelle. Im Unterricht zeigt es sich dann oft, dass es schon ziemlich anspruchsvoll ist, vier Töne nacheinander so klingen zu lassen, wie das beabsichtigt ist. Dass heisst: Es braucht (zumindest anfänglich) höchste Konzentration, damit der Schüler sicher sein kann, dass er möglichst alle Abweichungen überhaupt wahrnimmt!

Wenn dieser Schüler nun seine Übungen einfach vor dem Fernseher übt, hat er zwar eine höhere Zahl an Wiederholungen vorzuweisen, jedoch auch zu einer entsprechend schlechteren Qualität. Aus diesem Grund bin ich kritisch gegenüber der zu allgemeinen Aussage, dass es gut ist, vor dem TV zu üben.

Konzentriertes Üben	Üben vor dem TV
+ Gute Qualitätskontrolle	- Qualitätskontrolle beschränkt
- Dedizierte Übungszeit nötig	+ Keine dedizierte Übungszeit nötig

Dabei ist jedoch zu beachten, dass Qualität und mögliche (saubere) Spielgeschwindigkeit in einer Abhängigkeit stehen: Bei „perfekter" Qualität, kann ich das Tempo etwas erhöhen und mein

Spiel erklingt noch immer in guter Qualität. Bei schon anfänglich mangelhafter Qualität und zusätzlicher Erhöhung der Spielgeschwindigkeit, zerbröckeln die Noten immer mehr bis hin zum Unbrauchbaren – die Qualität nimmt immer mehr ab.
Alle diese Gedanken legen nahe, dass es eher ungünstig ist, vor dem Fernseher zu üben.

Spielen ist nicht Üben

Wir erlernen ein Instrument, um dieses spielen zu können. Kaum jemand wird ein Instrument lernen wollen, damit er üben kann. Das Üben ist also Teil des Weges, welcher zum „Spielen" des Instruments führt.

Ich empfehle das Spielen und Üben zu kombinieren, denn das Spielen können wir geniessen, beim Üben hingegen sind wir oft daran, unsere eigenen Grenzen nach oben zu verschieben, was mitunter auch mal anstrengend sein kann.

Wichtig dabei ist jedoch, dass wir in einer Trainingseinheit zuerst üben und erst am Schluss spielen. Ansonsten kann es sein, dass wir zwar lustvoll gespielt haben, jedoch gar nicht geübt, was zu einem langsamen Vorankommen im Musiklernprozess (sei es als Autodidakt oder als Besucher von Unterricht) führt. Langsames Vorankommen kann zu Frustration führen – und das wollen wir vermeiden.

Der Übungsplan

Einige Schüler brauchen keinen Übungsplan, andere fühlen sich ohne verloren, wiederum andere bräuchten einen, haben aber keinen.

So wie die Ansprüche an Musikunterricht sich von Schüler zu Schüler unterscheiden, unterscheiden sich auch die Übungspläne. Während ein Schüler einfache Dreiakkord-Songs begleiten lernen möchte, setzen andere Schüler sich viel komplexere Ziele, welche eher mit den Inhalten eines Musikstudiums zu vergleichen sind.

Je mehr verschiedene Ebenen dein Musikunterricht enthält, desto grösser wird die Wahrscheinlichkeit, dass beim Üben etwas vergessen geht, nicht regelmässig geübt wird – oder weil unattraktiv, erst am Schluss geübt wird. Bei Zeitmangel kommt das am Schluss zu Übende dann oft zu kurz. Wenn ein Schüler nach einem Übungsplan übt, muss er sich während dem Üben auch keine Gedanken mehr darüber machen, was genau zu üben ist – ein weiterer Vorteil eines Übungsplans also.

Wenn du nach einem Übungsplan, welcher auch eine Übungsreihenfolge enthält, übst, kannst du vermeiden, dass die unangenehmen Dinge am Schluss geübt werden. In der Praxis werden dann genau diese Dinge manchmal wegen Zeitmangels einfach weggelassen.

Ein Übungsplan kann sehr individuell erstellt werden. Hier ein paar Angaben, was er enthalten könnte. Der Vorschlag ist zur Ergänzung / Änderung offen – das Übungspensum entspricht ca. stolzen 90 Minuten:

1. Kurze Aufwärmübung (max. 5 Min.)
2. Spielen meines Lieblingsstücks – ev. auch als Warm-Up zu verstehen (5 Min.)

3. Technische Übungen (5 – 15 Min.)
4. Blattlesen (10 Min.)
5. Neues Stück einüben / Aktuelle Themen (20 Min.)
6. Review alter Themen (10 Min.)
7. Solo / Improvisation (15 Min.)
8. Review / Spielen älterer Stücke (15 Min.)

Wenn du nicht immer Zeit für ein ausgedehntes Übungsprogramm hast, können einzelne Punkte z.B. nur in jeder zweiten Übungssession geübt werden. Etwas effektiver ist es wahrscheinlich, wenn du das ganze Programm an zwei aufeinanderfolgenden Tagen und erst am nächsten Tag nach dem verkürzten Programm übst.

Wenn du Punkt 2 als Warm-Up verstehst (und somit den ersten Punkt ersetzst), und dieser auch noch etwas ist, das du besonders gerne machst, ist das ideal als Anfangsmotivation, dich überhaupt erst ans Instrument zu setzen. Alles andere wird dir entsprechend leichter fallen, weil du ja schon am Instrument sitzt.

Das VAK – Prinzip

Die beim Musizieren relevanten Wahrnehmungskanäle sind der visuelle, der auditive und der kinästhetische Wahrnehmungskanal – wobei der kinästhetische den Tastsinn meint.

Bei den meisten Menschen bildet sich ein bevorzugter Wahrnehmungskanal heraus, welcher meist der visuelle ist. Gerade Anfänger versuchen oft, ihr Instrument vor allem unter Zuhilfenahme des visuellen Kanals zu spielen und geraten dabei oft an Grenzen, weil es schlicht unmöglich ist, mehr oder weniger gleichzeitig beide Hände und eine Musiknotation visuell zu überwachen bzw. zu verfolgen und zu interpretieren.

Bei einigen sehr visuell orientierten Schülern kann dies zu richtiggehenden Blockaden führen, weil es einfach zu viel Information für nur einen Sinn ist, denn der Sinn kann sich auch nicht auf ein Arbeitsgebiet fokussieren, sondern muss mehrere Gebiete abdecken.

Gehen wir einen Schritt zurück: Wenn wir passiv Musik konsumieren, was machen wir da? Wir brauchen unseren auditiven Sinn. Vielleicht schliessen wir sogar manchmal die Augen, um die Musik noch intensiver wahrzunehmen – und in uns werden Gefühle ausgelöst. Vielleicht bewegen wir uns sogar (un)bewusst im Takt der Musik – wir spüren die Musik um und in uns.

Wenn wir uns entscheiden, ein Instrument spielen zu lernen, versuchen wir anfänglich oft krampfhaft, die Musiknotation zu lesen und gleichzeitig auch unsere Hände visuell zu kontrollieren. Dann vergreifen wir uns auf dem Instrument und ärgern uns über das Produzierte. Die ganze Köstlichkeit und Sinnlichkeit der Musik scheint dabei verloren zu gehen. Darum hier ein Plädoyer für das Blindspielen.

Spielt oft blind! Anfänger klammern sich manchmal an der visuellen Kontrolle fest, einfach weil sie gewohnt sind, so zu Resultaten zu kommen. Fordere ich Anfänger jedoch zum Blindspielen auf (auf richtigen Schwierigkeitsgrad achten!), berichten sie mir meist, dass sich das Spiel entspannter angefühlt hat – und das Beste dabei ist, dass nach einer Weile sogar weniger Fehler gemacht werden.

Nun, dies geschieht durch die Fokussierung auf den kinästhetischen (Tastsinn) und auditiven Wahrnehmungskanal (Gehör). Interessant dabei ist, die Schüler beim Spielen zu beobachten: Während sie visuell orientiert eher einen gestressten und verkrampften Eindruck machen, wirken sie auditiv-kinästhetisch orientiert spielend entspannter, und man sieht ihnen ins Gesicht geschrieben, wie sie versuchen, die richtigen Noten zu erspüren – die Distanzen intuitiv zu erahnen und mehr Gewicht auf das auditive Feedback (also ihr Gehör) legen.

Durch die Hinwegnahme des visuellen Kanals, werden also die beiden übrigen Wahrnehmungskanäle verstärkt. Später, wenn der visuelle Sinn wieder eingesetzt wird, kann er eine zusätzliche Hilfe sein, sozusagen eine „Supervisor-Funktion" übernehmen. Aber er führt die „Arbeit" nicht mehr dominant aus, sondern im stark verbessertem Zusammenspiel mit den anderen Sinnen.

Blicktechnik beim Spielen

Wenn du beim Spielen auf dein Instrument schaust, empfehle ich dir, grundsätzlich nicht permanent dorthin zu starren, wo du gerade spielst, sondern oft dorthin zu schauen, wo du im nächsten Moment spielen wirst. Dies gilt insbesondere bei umfangreicheren Positionswechseln. Oft schauen Schüler bis zum letztmöglichen Moment dorthin, wo sie gerade am Spielen sind. Dann, bei einer grösseren Bewegung, schauen sie die die Bewegung durchführende Hand an oder schauen erst im letzten Moment an den Zielort. Oft braucht unser Gehirn jedoch einen Moment, um sich örtlich zurecht zu finden – und genau in diesem Moment gelingt uns der Wechsel nicht.

Darum: Vorzeitig den Zielort visuell lokalisieren und so den

Spielübergang einfacher bewältigen.

Entspannt spielen

Wenn ich mich auf der Gitarre in einem Bereich verbessern will, erspüre ich jeweils, wie entspannt ich etwas spielen kann. Als erfahrener Musiker weiss ich, wie sich das Spielen anfühlen sollte und kann Abweichungen davon einfach registrieren. Manchmal konzentriere ich mich beim Üben schwergewichtig nicht auf das Gespielte, sondern wie sich das Gespielte anfühlt. Wie entspannt kann ich spielen oder wann bin ich nicht mehr entspannt und warum? Wenn ich einen Fokus auf diese Wahrnehmung lege, dann ist diese natürlich viel intensiver präsent und ich kann auch spüren, wann es viel sinnvoller wäre, eine Pause einzulegen, statt mich weiter zu verkrampfen.

In diesem Zusammenhang fällt mir auch auf, dass Schüler manchmal viel besser spielen, wenn es gar nicht ihre Absicht ist, jetzt besonders gut zu spielen.

Beispiel:

Ein Schüler kann eine schwierige Passage nicht so gut spielen und führt das auch vor. Im Gespräch mit mir spielt er ganz nebenbei, ohne es wirklich spielen zu wollen, genau diese schwierige Passage oder einen Teil davon und ist im Anschluss selbst überrascht, wie einfach dies ging. Wenn der Schüler anschliessend nochmals versucht, in gleicher Qualität zu spielen, gelingt ihm das nicht mehr. Dies ist ein Moment im Unterricht, indem ich dem Schüler praktisch sehr gut vermitteln kann, was entspanntes Spielen bedeutet oder bewirkt – mehr noch: Wie es sich anfühlt.

Wenn ich als Lehrer die Gitarre einmal in die verkehrte Richtung halte, sehe ich sofort, wo die Probleme der Anfänger liegen: Sie sind so sehr auf die technischen Aspekte des Musizierens konzentriert, dass oft für die eigentliche Musik nicht mehr viel übrig bleibt: Beide Hände müssen koordiniert werden, Finger müssen sich in perfektem Timing ablösen, die Noten sollen zum richtigen Zeitpunkt gespielt werden... das ist alles sehr viel, wenn man es bewusst bewältigen muss – und Musik macht man dabei noch nicht zwangsläufig.

Der erfahrenere Schüler hat schon viele Automatismen aufgebaut und kann diese auf neue Aufgaben übertragen. Die technischen Aspekte alleine erfordern oft nicht mehr seine volle Aufmerksamkeit. Somit kann er der Musik während seinem Spiel auch zuhören und hat ebenso eine Vorstellung, wie es tönen sollte. Er konzentriert sich mehr darauf, diese Klangvorstellung musikalisch auf dem Instrument umzusetzen, als nur die richtigen Noten zu treffen – er spielt dadurch auch viel entspannter.

Minimalkraft überprüfen

Versuche beim Üben auch immer wieder, zu überprüfen, mit wie viel Kraft du spielst. Frage dich dabei, ob der derzeitige Kraftaufwand angemessen ist, oder ob die aufgewendete Kraft vielleicht zu hoch ist. Falls sie zu hoch ist, überprüfe deine Spielhaltung und die Kraftbeteiligung der engagierten Körperteile z.B. der Finger.
Wenn ein Finger kräftiger zudrücken muss, heisst dies nicht, dass alle anderen an dieser Situation eigentlich nicht beteiligten Finger ebenfalls stärker drücken müssen.

Auf der Gitarre lasse ich die Schüler deshalb oft den Minimalkrafttest machen. Dabei reduziert man der Reihe nach den Druck jedes Fingers genau so weit, bis ein Nebengeräusch gerade auftritt. Dann drückt man ein bisschen mehr: Das ist die Minimalkraft des entsprechenden Fingers. Ich lasse den Schüler einen Akkord spielen und ihn dann diese Minimalkraftfeststellung für jeden am Akkord beteiligten Finger machen. Danach schauen wir, ob sich jeder Finger immer noch auf dem Minimalkraftpunkt befindet, oder ob sich die angewendete Kraft eines Fingers in Abhängigkeit der für die anderen Finger aufgewendeten Kraft verändert hat, was nicht gut wäre. Mit dieser Methode kann das Spiel leichter und fliessender werden, auch wenn der Schüler anfänglich unter Umständen feststellt, dass er etwas Kontrolle verliert.

Das Spieltempo beim Lernen

Der grösste Feind der Qualität ist die Eile.

− Henry Ford

Oft versuchen Schüler, einfach nur schnell zu spielen. Dabei sollten sie viel mehr versuchen, möglichst perfekt zu spielen. Denn wenn ein Schüler etwas praktisch perfekt spielen kann, dann ist es auch möglich, das Tempo zu erhöhen. Ist die Qualität aber schon bei langsamem oder mittlerem Tempo niedrig, so führt noch schnelleres Spielen zu einer weiteren, oft drastischen, Qualitätsabnahme. Die vielen Wiederholungen, welche ein Schüler während dem Üben macht, führen dann zu einer Automatisierung der eben nicht guten Abläufe, was das musikalische Vorankommen in der Zukunft sehr limitieren kann. Dabei können in krassen Fällen sogar Jahre verloren gehen.

Ein wichtiges Element beim Üben ist also das Spieltempo. Solange ein Schüler bei der Bewältigung einer Aufgabe nicht auf genügend Automatismen zurückgreifen kann, muss der Schüler auf eine grosse Anzahl bewusster mentaler Vorgänge zurückgreifen. Wir können das mit einem lesenden Menschen vergleichen, welcher jeden Buchstaben einzeln lesen muss, um ein Wort als Ganzes zu verstehen. Das Wort „Spieltempo" besteht aus zehn Buchstaben. Müsste ich für jeden Buchstaben eine Sekunde investieren, um ihn zu erkennen, würde die Erkennung des ganzen Wortes also mindestens 10 Sekunden dauern.

Anfänger sollten im Allgemeinen die meiste Zeit damit verbringen, eher langsam, dafür klar und deutlich zu spielen, denn so werden gute Eigenschaften in die Automatismen eingebaut.
Das Gegenteil wäre, zu versuchen, in möglichst kurzer Zeit, um jeden Preis, schnell spielen zu lernen und sich dabei schlechte Abläufe anzugewöhnen. Wenn diese Abläufe, welche meist nur einen Bruchteil einer Sekunde dauern, später willentlich korrigiert werden müssen, fällt uns das sehr schwer, da sie nicht mehr in unserer bewussten Kontrolle liegen. Wenn es soweit kommt, muss man meist das Tempo massiv vermindern, was ja genau nicht die Idee eines Menschen ist, der schnell spielen können, bzw. schnell voran kommen möchte.

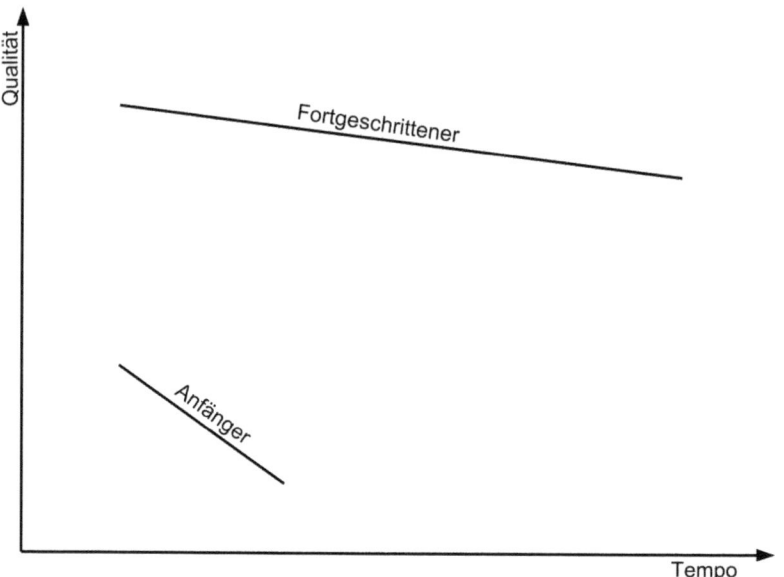

Die Abbildung zeigt schematisch den Zusammenhang zwischen Tempo und Qualität, bei Anfängern und Fortgeschrittenen.

Doppeltes und halbes Übungstempo

Mit dieser Übungsmethode habe ich in der Praxis gute Erfahrungen gemacht. Dabei spielt der Schüler relativ langsam (z.B. in Achtelnoten) und spielt dasselbe, ohne Pause, kurz im doppelten (z.B. in Sechzehntelnoten) Tempo, wobei anfänglich darauf zu achten ist, dass die langsame Spielphase länger ist als die schnelle Spielphase.

Die Idee dabei ist, dass der Schüler beim Langsam-Spielen darauf achtet, sehr genau, deutlich, sauber, bewegungsoptimiert und entspannt zu spielen und diese Eigenschaften beim schnellen Spiel zuerst für eine kurze Zeit übernimmt und somit die obere Grenze seines Spieltempos allmählich erhöht – auch durch Qualitätszunahme.

Nach einer Weile kann die langsame Spielphase verkürzt und die schnelle Spielphase verlängert werden. Das wir bei solchen Übungen ein Metronom verwenden, versteht sich von selbst, denke ich.

| 50% Tempo | 100% Tempo | 50% Tempo | 100% Tempo |

Über längere Zeit wird anfänglich langsam gespielt, dann eine kürzere Zeit schnell (links). Schliesslich wird eine kürzere Zeit langsam gespielt und eine längere Zeit schneller (rechts).

Üben in Bursts / Pushing the limits

Hier spielst du kurze und kürzeste Abläufe schnell und zwar mit Unterbruch. Dabei versuchst du kurzzeitig, über dein eigentliches maximales Spieltempo zu gelangen. Das Burst-Spieltempo ist also knapp oberhalb deines möglichen dauerhaften Spieltempos zu wählen. Wenn der Burst aus 5 Noten besteht, und du diesen nach einer Weile des Übens einmal spielen kannst, versuche, den Burst zweimal ohne Pause nacheinander zu spielen.

Eine Wiederholung der Übung, mit einer langen Erholungszeit.

Zwei Wiederholungen der Übung und eine kürzere Erholungszeit.

Bursts eignen sich auch dazu, sofort in Time spielen zu können, also z.b. Sechzehntelnoten unmittelbar korrekt spielen zu können und sich nicht erst über mehrere Noten dem regelmässigen Rhythmus annähern zu müssen. Wenn dies dein Hauptziel sein sollte, dann kannst du die Burst-Geschwindigkeit gut auch tiefer bis sehr viel tiefer wählen.

Mit dynamischem Tempo üben

Diese Technik eignet sich meiner Meinung nach weniger für den Selbstunterricht. Allerdings wende ich sie im Unterricht oft sehr erfolgreich an, auch wenn es darum geht, einen Ablauf zu automatisieren oder zu verflüssigen.

Der Schüler befindet sich anfangs oft noch auf der Kompetenzstufe der bewussten Kompetenz und spielt noch nicht sehr automatisiert, weshalb seine Abläufe noch nicht sehr rund sind. Ich beobachte auch kleine Korrekturbewegungen in seinen Händen / Fingern. Unter anderem aufgrund dieser kann ich gut beurteilen, wie bewusst ein Schüler noch spielt – bzw. wie tief schon ausgebildete Automatismen greifen.

Anfänglich spiele ich zusammen mit dem Schüler sehr langsam und beobachte ihn. Wenn ich feststelle, dass sich seine Bewegungen beruhigen, erhöhe ich nach einer Weile das Tempo etwas. Aufgrund meiner Beobachtungen erhöhe ich das Tempo immer weiter. Wenn nötig verlangsame ich auch mal wieder, dies, falls die Spielqualität des Schülers unter den Temposteigerungen dauerhaft zu sehr leidet.

Irgendwann kommt oft der Punkt, bei dem ich spüre, dass ich das Tempo schneller erhöhen kann. Das ist dann der Fall, wenn der

Schüler mehr und mehr seine bewusste Detailkontrolle über das Gespielte aufgibt.

Auf diese Weise gelingt es mir, den Schüler entspannter und schneller spielen zu lassen. Dies geht so weit, dass ein Schüler der Zuhause nur sehr langsam spielen konnte – dann aber die Lektion verlässt und den geübten Teil (z.B. einen Begleitrhythmus) schon in einem passablen Tempo spielen kann.

Ich versuche, während dieses Prozesses auf einem konstanten Spieltempo zu bestehen, abgesehen von den bewusst von mir herbeigeführten Tempoänderungen.

Der Schüler soll sich nicht daran gewöhnen, während dem Spiel im Tempo schwanken zu dürfen, weil er gerade z.B. ein Problem beim Akkordwechsel hat. Wenn es sich dabei jedoch um ein permanent auftretendes Problem handelt, ist die Spielgeschwindigkeit für eine Weile bewusst zu reduzieren.

Diese Technik setzt meiner Erfahrung nach voraus, dass der Schüler schon an gewissen Grundautomatismen gearbeitet hat, damit wir auch wirklich innert nützlicher Zeit während dem Unterricht einen Erfolg erreichen.

Nachhaltiges Lernen und kurzfristige Erfolge

Kurzfristige Anreize verleiten uns Menschen manchmal, Wege zu gehen, welche langfristig nicht ideal sind – ja, in einigen Fällen sogar verheerende Folgen haben. In der Wirtschaft haben wir das wohl alle schon beobachtet. Beim Erlernen eines Musikinstruments können wir auf die gleichen Verhaltensweisen stossen:

Grundsätzlich möchten wir beim Erlernen einer Fertigkeit mit möglichst wenig Zeitaufwand ein möglichst gutes Resultat erzielen. Das ist verständlich, so wird dies doch auch in der Arbeitswelt von uns verlangt, und die Vorteile sind offensichtlich. Nur kann uns dieses „Effizienzbedürfnis" auch einen Strich durch die Rechnung machen, indem wir mal bewusst, mal unbewusst Kompromisse bei der Qualität eingehen. Zum Beispiel versucht jemand, möglichst schnell zu spielen, dies jedoch auf Kosten der Präzision oder allgemein der Tonkontrolle oder es entstehen Nebengeräusche. Im Moment lässt sich der Lernende selber mit dem Resultat zufriedenstellen, doch später wird er das Verpasste korrigieren müssen – und zwar auf schmerzhafte Weise. Unter Umständen wird er auf einen Bruchteil des ursprünglich schon möglichen Spieltempos zurückfallen müssen, um die leider nun schon unbewusst inkorrekte Technik nochmals bewusst verbessern zu können. Diese Erfahrung kann ziemlich frustrierend sein – und ich verrate euch, dass ich diese Erfahrung als blutiger Anfänger, welcher sich anfänglich keinen Lehrer leisten wollte, ebenfalls machen musste.

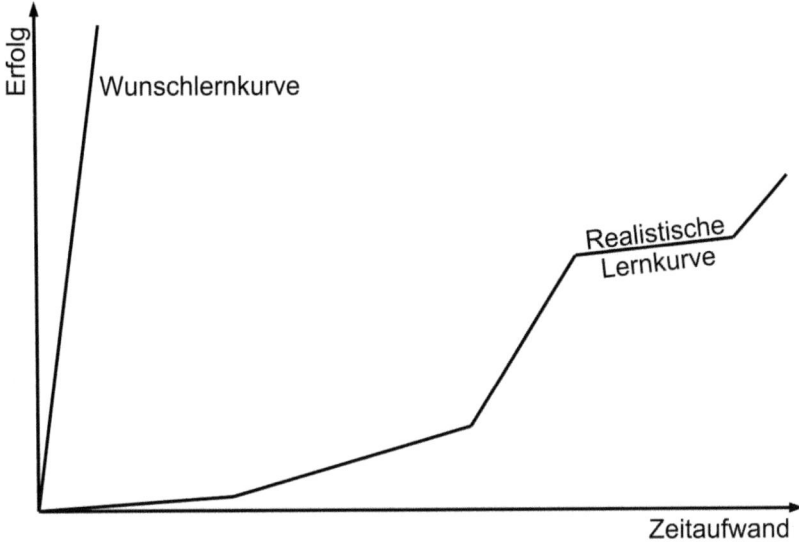

Wunschlernkurve gegen realistische Lernkurve.

Die Wunschlernkurve kann so interpretiert werden, dass der Lernende versucht, so schnell wie möglich, schnell spielen zu können. Tatsächlich ist es so, dass ihm das gelingen kann, jedoch werden dabei die Sauberkeit und auch die rhythmische Kontrolle leiden. Zusätzlich werden auch Elemente, welche die Phrasierung mitbestimmen (wie Dynamik und Artikulation) oft vernachlässigt. Wird sich der Übende dies bewusst, muss er seine Spielgeschwindigkeit massiv nach unten anpassen und seine Technik nochmals sauber aufbauen. Schon gelernte (falsche) Automatismen müssen abtrainiert werden, was (bei schon tiefer Verankerung im Gehirn) gar nicht so einfach ist.

Spielgenauigkeit und Transition-Time

Wenn wir von Spielgenauigkeit sprechen, könnte es sich um den genauen Zeitpunkt handeln, bei dem eine Note gespielt werden sollte. Aber das ist noch nicht alles, denn sehr wichtig ist auch die Notenlänge jeder einzelnen Note. Ich kann einfache Viertelnoten spielen, aber diese anders artikulieren. Einmal finden wir zwischen den einzelnen Noten nicht den geringsten wahrnehmbaren Unterbruch, ein anderes Mal werden die Noten voneinander durch einen kurzen Unterbruch etwas abgehoben – oder gar nur kurz gespielt.

Manchmal bemerkt ein Schüler im Unterricht selber, dass er eben nicht so genau spielt, meint dazu, dass es ja nicht so schwierig sein könne, genauer zu spielen. Und genau wenn solche Gedanken aufkommen, stelle ich die Frage, wie genau man zeitlich eigentlich spielen können müsste.

Der eine Schüler gibt dazu eine realistische Antwort, der andere spricht von Toleranzen im Zehntelsekundenbereich, was viel zu ungenau wäre.

Um dem Schüler vor Augen zu führen, dass es doch nicht ganz so einfach ist, versuche ich, ihm Folgendes vor Augen zu führen:

Ein erfahrener Musiker kann z.B. 10 Töne pro Sekunde spielen. Folglich hat ein Ton die Länge einer 1/10 Sekunde.
Der Musiker möchte seine Töne sehr fliessend tönen lassen, also möchte er möglichst keine Pause zwischen den Tönen. Wenn ein Ton mindestens die Länge von 80 % Ton zu 20 % Pause zwischen den Tönen haben soll, dann darf der Musiker gerade mal 2/100 Sekunden abweichen. Spätestens bei dieser Überlegung wird jedem bewusst, dass es doch nicht so einfach ist, wirklich genau

zu spielen.

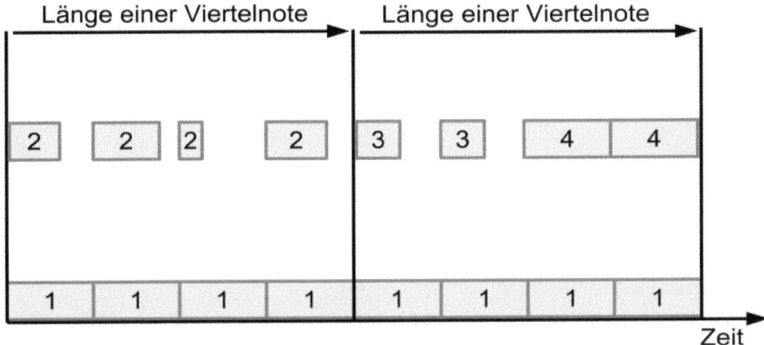

Die Grafik zeigt, wie vier Sechzehntelnoten innerhalb einer Viertelnote gespielt werden. In der Grafik sind alle Noten als (1), (2), (3) oder (4) markiert.

Während die Noten der Gruppe (1) sehr legato, also gebunden gespielt sind, erkennen wir zwischen den Noten der Gruppe (2) Übergänge, obwohl der Musiker auch versucht hat, zwischen den Noten keine Pausen zu haben, also legato zu spielen. Diese Übergangszeit nenne ich Transition-Time.

Die Transition-Time ist also die Zeit, welche ein Spieler braucht, um von einem Ton zu einem anderen zu wechseln. Wenn du zwei Töne legato spielen willst, das heisst gebunden, ohne jegliche Pause dazwischen, musst du auch in der Lage sein, dies technisch zu vollziehen, also diese Töne willentlich ohne jegliche hör- bzw. spürbare Pause nacheinander zu spielen.

Zu beachten ist dabei, dass Noten natürlich auch absichtlich kürzer gespielt werden können. Dies zeigen die Notengruppen (3) und (4) schematisch. Bei Notengruppe (3) hat der Musiker Staccato gespielt, während die Notengruppe (4) legato gespielt wurde. Der Musiker ist also in der Lage, die Notenlänge absichtlich zu beeinflussen. Hierbei handelt es sich um die sogenannte „Artikulation".

Ein schöner Merksatz zur Artikulation ist: „Legato ist die Abwesenheit von Artikulation." (Im Gegensatz zu Staccato[6]).

Kompetenzstufenentwicklung

Wenn wir etwas erlernen, durchlaufen wir meist die vier Stufen der Kompetenzentwicklung wie folgt:

Unbewusste Inkompetenz, bewusste Inkompetenz, bewusste Kompetenz, unbewusste Kompetenz. Für Lehrer ist es fundamental wichtig zu wissen, wie ein Schüler durch diese Kompetenzstufen zu begleiten ist.

Unbewusste Inkompetenz

Der Lernende weiss nicht, was er nicht weiss. Er hat keinen Überblick, was es sich überhaupt anzueignen gibt, um sich einen bestimmten Bereich zugänglich zu machen.

Der Musikschüler kommt neu in den Unterricht und teilt dem Lehrer seine Ziele mit. Der Schüler ist sich aber nicht bewusst, was er tun muss, um seine Ziele zu erreichen.

Bewusste Inkompetenz

Der Lernende weiss zwar, was es sich anzueignen gibt. Er weiss

---

[6] Staccato: Die Note wird mit einer speziellen Technik gespielt, welche sie kürzer als ihr eigentlicher Notenwert klingen lässt.

also gewissermassen, was er nicht weiss! Der eigentliche Lernprozess hat noch nicht begonnen oder gerade erst.

Der Lehrer beschreibt dem Schüler einen möglichen Weg und die Elemente welchen der Schüler auf diesem Weg begegnen wird. Der Schüler kennt nun den Weg, hat aber gegenwärtig die Fähigkeit, ein bestimmtes Problem zu lösen, noch nicht.

Bewusste Kompetenz

Der Lernende befindet sich auf dem Weg, ist bereits aktiv am Lernen, muss dafür aber noch einen hohen, bewusst-mentalen Aufwand treiben, was in schnellerer Ermüdung resultiert und eine hohe Konzentration erfordert.

Mit zunehmender Automatisierung und Verinnerlichung des Gelernten kann der Lernende immer entspannter spielen – bis er sich schlussendlich vor allem auf die Musik, ihre Eigenheiten konzentrieren kann. Der Spielende „hört" im inneren Ohr, wie es tönen sollte und versucht, dieser Vorstellung durch sein Spiel zu entsprechen. Langsam verlassen wir mit diesen Schritten diese Kompetenzstufe und bewegen uns auf die höchste Kompetenzstufe zu: Die unbewusste Kompetenz.

Unbewusste Kompetenz

Das Individuum hat das Gelernte so sehr vertieft und integriert, dass dafür nur noch ein relativ kleiner bewusst-mentaler Aufwand nötig ist.

Wenn ein solcher Mensch unterrichtet, dann erscheint ihm alles sehr einfach und logisch, jedoch seinen Schülern nicht. Dies passiert relativ häufig bei Fachexperten, welche keine Lehrer sind, jedoch trotzdem unterrichten.

Solche Lehrer sind den Schülern oft ein Graus, da sie zwar die fachlichen Kompetenzen mitbringen, jedoch nicht wissen, wie diese vermittelt werden sollten. In der Folge geben solche Lehrer oft ihren Lehrauftrag an den Schüler ab und sehen als Grund des Versagens mangelnde Fähigkeiten ihrer Schüler bzw. deren mangelndes Talent: „Du musst halt etwas länger üben, das ist bei dir einfach so!" Es wird eher nicht in Betracht gezogen, dass der Lehrer hier gefragt wäre, indem er andere Lernwege aufzeigt.

Speziell erfahrene Musiker bewegen sich vorwiegend auf dieser Kompetenzstufe. Hier kann auch das intuitivste Verhalten beobachtet werden. Der Musiker ist eins mit seinem Instrument und hat das Gefühl, dass er eigentlich gar nicht viel mache, um so zu spielen wie er spielt: „Ich spiele einfach, denke eigentlich gar nicht viel!" Allerdings hat dieser Musiker den Weg, bzw. die vielen Teilstrecken, welche er bewusst oder unterbewusst gegangen ist, um seine heutigen Fähigkeiten zu entwickeln, vergessen. Er hat das Ganze so sehr verinnerlicht, dass es praktisch zu einem Teil vom ihm geworden ist.

Exemplarischer Lernprozess

Es gibt verschiedenste Lernprozesse, welche jeweils von der Aufgabenstellung und vom Lernenden abhängig sind. Untenstehend habe ich exemplarisch eine Grobübersicht eines einfachen Lernprozesses aufgeführt:

Etwas Neues ist zu üben

- Analyse (Bekanntes / Unbekanntes - Schwierigkeitsgrad)
- Zu übende Abschnitte bestimmen

- Anfangstempo des ersten Abschnitts bestimmen
- Ersten Abschnitt einstudieren (ev. schrittweise)
- Ersten Abschnitt tiefer automatisieren
- Ersten Abschnitt Tempo erhöhen

- Zweiten Abschnitt einstudieren (analog zum ersten Abschnitt)
- Zweiten Abschnitt tiefer automatisieren
- Zweiten Abschnitt Tempo erhöhen

- Kurzwiederholung erster Abschnitt

- Tempo drastisch reduzieren und beide Abschnitte zusammenfügen, Übergang allenfalls separat üben

- Vertiefung, Tempo erhöhen, Pause

Diese einfache Vorgehensweise lässt sich in der Praxis sehr häufig erfolgreich anwenden.

Neues Wissen breit vernetzen

Je breiter Wissen vernetzt ist, desto höher ist die Behaltenswahrscheinlichkeit. Nichts anderes sind sogenannte Eselsbrücken, wobei diese ja keinen logischen Bezug zum Gelernten haben.

Beispiel:

Einmal wollte ich das türkische Verb für „sich fürchten" lernen: „Korkmak". Dies war eines der Verben, die ich immer wieder und wieder vergass, also bastelte ich mir eine komische Geschichte um dieses Verb: „Ich gehe in einen Wald spazieren und spüre immer lauter werdende dumpfe Erschütterungen hinter mir. Diese werden immer stärker und auch lauter – schliesslich drehe ich mich um und erblicke einen alles niederdrückenden Riesen-Korkzapfen, welcher mir natürlich eine Höllenangst einflösst!"

Meine Logik dazu: „Korkzapfen" führt zu „Korkmak" und vor so einer „Begegnung" muss man ja schon *Angst* haben.

Zugegeben eine wilde Geschichte, nur um ein neues Verb zu erlernen – aber es hat sich gelohnt: Dieses Verb ist in meinem Gehirn so gut mit dieser Geschichte verknüpft, dass ich es auch nach monatelangem Nichtgebrauch noch sicher und schnell abrufen kann, speziell weil ich es mit dieser unheimlichen Geschichte, welche in mir die Emotion der Angst oder der Unbehaglichkeit hervorruft, verbunden habe.

Der Nachteil dieser Methode ist oft, dass sie anfänglich mehr Aufwand erfordert, aber dafür ist der Behaltenswert höher.

Am Besten erachte ich jedoch, wenn das zu Lernende mit sinnvollen anderen Bereichen im Gehirn verbunden wird. So sollte Musiktheorie in aller Regel auf einem Instrument physisch nachvollzogen und angewandt werden und nicht nur eine Theorie auf Papier bleiben, ansonsten sich das Meer des Vergessens nur allzu schnell auszubreiten droht.

Auswendiglernen muss nicht schwierig sein

Dem einen geht es ring, dem anderen ist das Auswendiglernen ein verschlossenes Buch mit sieben Siegeln.

Wenn dir als Schüler das Auswendiglernen von Musik eher schwer fällt, ist dieser Abschnitt für dich!

Als Anfänger ist es schwieriger, Musik auswendig zu lernen, ganz einfach, weil das zu Lernende im Gehirn noch nicht genügend Möglichkeiten zur Vernetzung findet. Während sich ein Anfänger allenfalls acht Informationen (=Töne) merken muss, um folgende Melodie zu spielen, sieht der Fortgeschrittenere dahinter musikalische Strukturen:

c   e   g   b   c'   a   f   d

Der Anfänger, welcher in einem Musikstück hunderte Noten sieht, kann zum Schluss kommen, dass es eine unglaubliche intellektuelle Leistung darstellt, diese zu memorisieren.

Der Fortgeschrittene sieht in der oben geschriebenen Tonfolge ein Cmaj7 Arpeggio, welches aufwärts gespielt wird, und von der Oktave dieses Arpeggios (dem c') wird ein Dm7 Arpeggio wieder runtergespielt, auf der kleinen Septime des Dm7 Arpeggios angefangen. Im Wesentlichen sind das für mich zwei miteinander verknüpfte Informationen (die ich isoliert betrachtet schon kenne), aber für Anfänger, welche diese Strukturen noch gar nicht kennen, sind diese noch unsichtbar und damit nicht abrufbar – womit der Anfänger hier wohl 8 Informationen sieht.

Eine andere (technischere) Sicht könnte sein, dass ich in einer C-

Dur Tonleiter jeden zweiten Ton nach oben spiele, dann die Oktave (das c') spiele, und von dort jeden zweiten Ton wieder runter. Allerdings sollte der Spielende dann auch mit relativer Leichtigkeit in der Lage sein, nur jeden zweiten Ton der Tonleiter zu spielen, sonst bringt diese Sichtweise nicht so viel.

Der fortgeschrittene Spieler wird sich jedoch an die Arpeggio-Denkweise halten, da er auch praktisch jegliche Formen von Arpeggios schon in- und auswendig gespielt hat und somit eigentlich fast nichts mehr zu lernen hat, abgesehen von den strukturellen Informationen des zu Spielenden.

Ein mit der Sprache vergleichendes Beispiel

Versuche folgende Buchstaben auswendig zu lernen:

f h u s v h d t i p l a h b x h k l f e q t j f s c h i p a q x f b z k j

Nein, versuch' es nicht! Mir persönlich würde eine solche Aufgabe dermassen widersprechen, dass ich es wohl ohne irgendwelche Eselsbrücken einfach überhaupt nicht könnte – und ich auch gar keine Lust darauf verspüren würde.

Ok, dann versuche doch mal, folgenden Satz auswendig zu lernen:

Ich hasse dieses sinnlose und zusammenhangslose Auswendiglernen!

Erfolg? Natürlich!

Wenn wir die Anzahl Buchstaben der beiden Aufgaben zählen, merken wir, dass die Anzahl im zweiten Beispiel grösser war, aber es hat dir wohl keine Mühe bereitet, diese Informationen zu speichern – und es besteht auch eine gute Wahrscheinlichkeit, dass du den Satz noch in ein paar Stunden weisst!

Du wirst mir jetzt vielleicht entgegenhalten, dass man dies ja gar nicht vergleichen kann, denn beim ersten Beispiel musstest du sinnlos aneinandergereihte Buchstaben auswendig lernen, beim zweiten Beispiel handelte es sich um sieben Wörter, welche zudem noch in einer sinnbehafteten Reihenfolge auftraten und auch noch im Kontext zum Thema „Auswendiglernen" stehen.

Alles, was ich dazu sagen kann ist: Du hast Recht! Und diesen Sinn hinter den Buchstaben, den finden wir auch hinter den Noten, jedoch viel weniger offensichtlich (speziell für Anfänger), da wir in den Noten keine sprachliche Aussage / keinen sprachlichen Sinn erkennen können.

Der Bogen zurück zur Musik

Melodien bestehen auch aus Phrasen. Diese Phrasen sind in Tonleitern organisiert, und Phrasen bestehen nicht einfach nur aus Tönen, sondern auch aus der Art und Weise, wie diese Töne gespielt werden (kurz, lang, leise, laut...). In sich macht eine solche Phrase eben musikalischen Sinn, und es geht nicht einfach darum, die Summe der Töne auswendig zu lernen und diese zum richtigen Zeitpunkt wiederzugeben, sondern die Phrase zu erlernen – und zwar in allen Aspekten, welche uns helfen, diese Phrase zu beschreiben. Das tönt kompliziert, muss es aber nicht unbedingt sein, denn du kannst eine beliebige Phrase auch „in deinem innern Ohr" hören und versuchen, diese nachzuspielen. Um so „deutlicher" du diese Phrase hörst bzw. sie dir vorstellen kannst, desto mehr weisst du auch, wie du diese zu spielen hast.

Nach einer Weile des Übens kann man spüren, wie die beim Üben gebildeten Automatismen das Spielen solcher Phrasen zunehmend übernehmen. Gerade Anfänger reagieren oft verunsichert auf dieses Gefühl, denn sie kommen schnell auf Gedanken wie: „Ich weiss nicht mehr zu 100 % was ich tue! Ich verliere die Kontrolle!" Und sie geraten in eine Art leichte Panik, welche die noch empfindliche und instabile Zusammenarbeit der beteiligten Hirnregionen beendet. Der Schüler fällt nun tatsächlich aus seinem Spiel raus und sieht sich darin bestätigt, dass diese „Arbeitsübernahme der Automatismen" der Anfang des Kontrollverlusts war und versucht, sich weiterhin im bewussten Spiel des Gelernten. Dabei war dies der Anfang der nächsten Stufe des Könnens! Der Schüler sieht sich also mit einem Problem konfrontiert, welches eigentlich ein ganz normales Phänomen ist und wird sich nun auf dieses „Problem" konzentrieren, was das eigentlich „positive Problem" jetzt zu einem wirklichen Problem macht.

Manchmal schaffe ich es im Unterricht, dass Schüler etwas Komplexeres blind spielen können, obwohl sie es gar nicht auswendig gelernt haben – dies setzt oft etwas Experimentierwille und nicht zu hohe Erwartungen voraus. Wenn dies gelingt, staunen die Schüler meist sehr, weil sie absolut nicht erwartet haben, dass dies auch nur ansatzweise möglich ist.

Persönlich sehe ich mich nicht als ein guter Auswendiglerner, da ich gerne den Rahmen / die Regeln verstehe und die Inhalte ableite, statt (für mich) sinnlos auswendig zu lernen, aber die Inhalte nicht zu verstehen. Ich kann aber berichten, dass das Auswendiglernen mit dem Fortschritt immer besser und leichter geht, ganz einfach, weil ich das neu zu Lernende extrem effizient mit meinem schon vorhandenen neuronalen Musiknetzwerk verknüpfen kann. Dies kann in gewissen Fällen manchmal (aber absolut nicht zwangsläufig) länger dauern, ist aber langfristig eine sehr tiefe und intensive Art, Musik zu verstehen, zu spüren und zu praktizieren.

Postmentale Prozesse und Übungspausen

Ein mentaler Prozess (MP) ist ein Vorgang, der im Gehirn z.B. während dem aktiven Lernen abläuft. Er beschreibt die aktiven neuronalen Muster, welche durch ihre Aktivierung vertieft oder verändert werden und zwar durch unsere gedankliche und physische Aktivität. Uns interessieren die MP, im Falle, dass uns eine Aufgabe gestellt wird, welche wir bewältigen wollen.

Ein postmentaler Prozess (PMP) ist ein Vorgang, der **nach** dem aktiven Lernen im Gehirn völlig unbewusst, also unbemerkt, abläuft. Dieser PMP vertieft das Gelernte, wie Studien gezeigt haben, signifikant – nicht um Faktoren, aber um gute zweistellige Prozentwerte.

Herausgefunden wurde, dass es sich sehr positiv auf das Lernresultat auswirkt, wenn ein Mensch nach einer aktiven Lernphase eine Entspannungsphase einlegt. Der Lernende sollte während der Entspannungsphase möglichst nichts oder etwas völlig anderes tun / denken. Am ungünstigsten ist es, wenn der Lernende statt der Pause ein ähnliches Themengebiet studiert. Eine Theorie dazu könnte sein, dass damit ähnliche neuronale Strukturen aktiv werden und die vorherigen Aktivitätsmuster (bzw. die nachwirkend wirkenden Prozesse) konkurrenzieren – also in gewisser Weise überschreiben bzw. zumindest diese Nachwirkung signifikant abschwächen.

Im Gehirn findet permanent eine elektrochemische Signalübertragung statt. Durch Benutzung der neuronalen Bahnen, werden diese immer ausgeprägter. Wenn man davon ausgeht, dass eine elektrische Anregung einen chemischen Prozess anstösst, kann man sich modellhaft verständlich machen, weshalb die Pausen nach einer Lernphase so wichtig sind: Der chemische Prozess könnte länger stattfinden als nur während der eigentlichen elektrischen Anregung (vorher bereits als „Nachwirkung" erwähnt). Wird dieser chemische Prozess, welcher nach der Lernphase abläuft, gestört, fällt das Lernresultat schwächer aus. Eine andere Erklärung könnte sein, dass die Neuronen auch nach der Aktivität noch weiterfeuern und so eine Vertiefung stattfindet. Welche Theorie wir auch immer anwenden, eines ist sicher: Das Wirkenlassen, nach einer Lernphase, hat signifikanten Einfluss auf die Effizienz der absolvierten Lerneinheit.

Menschen, welche sehr darauf bedacht sind, möglichst effizient zu lernen, zeigen manchmal die Auffälligkeit, dass sie sich zu wenig Pausen gönnen – und so eigentlich genau das Gegenteil bewirken: Das Lernresultat mindern.

Gerade im Unterricht ist es meist sinnvoller, an etwas anderes zu denken, als die fünfzigste Wiederholung derselben Übung durchzuführen. Als Lehrer versuche ich, während eines Lernprozesses einzuschätzen, ob wir jetzt eine Pause einlegen sollten, oder ob ich erwarte, dass sich der Schüler mit noch mehr Wiederholungen noch steigern kann. Ich erspüre sozusagen, ob der Schüler schon in die „Lernsättigung" gekommen ist. Falls ja, lege ich eine kleine Pause ein, bzw. lenke die Aufmerksamkeit des Schülers für eine kurze Zeit auf ein anderes Thema.

Übungs - Interferenzen

Wie im Abschnitt „Postmentale Prozesse und Übungspausen" schon erläutert, sind Pausen für effektive Lernprozesse wichtig.

Ebenfalls stelle ich fest, dass Übungen unmittelbar hintereinander geübt, einen Einfluss auf das Lernresultat haben können – und zwar in Abhängigkeit von Lernfortschritt (der betroffenen Übungen) und ebenfalls der Ähnlichkeit der Übungen.

Zum Beispiel kann es sein, dass der Schüler eine zweite, zur ersten Übung ähnliche, Übung spielen will und er damit die Automatismen der ersten Übungen unwillentlich auslöst, obwohl er ja die zweite Übung spielen will.
Grundsätzlich baue ich einen Automatismus zuerst bis zu einem gewissen Grad aus – und erst in einem nächsten Schritt trainiere ich, diesen willentlich zu verlassen – dies, um Flexibilität in die starr geübten Strukturen bringen zu können. Speziell wichtig ist dies beispielsweise beim Improvisieren: Hier sollten wir fähig sein, schon Gelerntes zu vermischen und spontan neu zu verbinden. Dabei möchten wir nicht einfach schon Gelerntes 1 zu 1 wiedergeben.

Die 21 Wiederholungen

Um effizient Neues zu lernen oder Neues zu etablieren wird oft empfohlen, 21 Wiederholungen zu vollziehen.

Ich bin sehr kritisch gegenüber solchen Aussagen, weil sie sehr verallgemeinernd sind. Die Frage ist hier, wie lange eine Übung ist, die es zu wiederholen gilt: Vier Töne, oder eine ganze Seite Noten? Das zu Lernende muss sicherlich in angenehme

Lernhäppchen unterteilt sein – und diese sollten individuell auf den jeweiligen Schüler angepasst werden.

Wie schon erwähnt, beobachte ich im Unterricht den Fortschritt des Schülers während Wiederholungen und entscheide aufgrund dieses Feedbacks, ob ich den Schüler noch mehr Wiederholungen machen lasse, oder ob ich für eine Pause unterbreche, oder ob das momentane Potential so ziemlich ausgeschöpft ist.

Sehr oft ist es so, dass ein Schüler nach einer Übungsphase in eine Lernsättigung gerät (kein weiterer Fortschritt mehr erkennbar, Fehlerhäufigkeit nimmt zu, bzw. zu hohe Qualitätsabnahme), aber dann nach einer kurzen Pause bzw. Ablenkung, nochmals deutlich erkennbaren Fortschritt zeigt.

Nachvollziehbarer und fundierter ist wohl die Aussage, dass man für den Aufbau eines neuen Verhaltens initial statistisch gesehen etwa 21 Wiederholungen braucht – und zwar (je nach Lernbereich) in zeitlich angemessenen Abständen. Zum Beispiel drei Wochen lang täglich am Morgen meine Yogaübungen zu machen. Danach kann sich eine Art Bedürfnis bzw. eine Gewohnheit bilden, jeden Morgen mein Yoga zu praktizieren und es kann mir fehlen, wenn ich es nicht mache. Ist ein Verhalten sehr gut verankert, habe ich also das Gefühl, dass es einfach dazu bzw. zu mir gehört – was eben so weit gehen kann, dass ich das Gefühl bekomme, dass ich es schon fast machen muss, weil mir sonst etwas fehlt.

Ich sehe in der allgemeinen Angabe der 21 Wiederholungen, wie oben schon angesprochen, eine Art „statistischen Mittelwert", auf den in der Literatur verwiesen wird.

Üben mit dem Metronom

Das Üben mit dem Metronom hilft bei der Verbesserung des musikalischen Zeitgefühls / der Spielpräzision. Oft haben Lernende die Eigenschaft bei schwierigen Passagen langsamer zu spielen – oder sich für einen schwierigen Ablauf noch eine kleine Pause zu gönnen. In der Praxis gibt es solche Pausen allerdings nicht, weshalb ich versuche, meine Schüler so früh wie möglich „in Time" spielen zu lassen. Eine gute Möglichkeit dazu ist das Metronom.

Die Plus 10 Minus 15 Prozent Technik

Bei dieser Technik handelt es sich um einen Vorschlag, wie das Metronom zu gebrauchen ist, wenn du es verwendest, um schneller zu werden.

Du wählst anfänglich ein für dich komfortables Tempo und vollziehst nach einem ersten Aufwärmen ein paar saubere Wiederholungen.

Nach diesen Wiederholungen erhöhst du das Tempo des Metronoms um 10 %. Falls du wieder in der Lage bist, saubere Wiederholungen durchzuführen, erhöhst du das Tempo wiederum um 10 % usw.

Solltest du an deine Grenze stossen und nicht mehr sauber spielen können, dann reduzierst du das Tempo um 15 %. Dies ist jetzt 5 % langsamer als das Tempo, das du bei deiner letzten sauberen Wiederholung noch erreicht hattest. Das heisst, dass du in der Lage sein solltest, dieses Tempo zu passieren und das Tempo wiederum um 10 % zu erhöhen.

Das neue Tempo ist nun 5 % schneller, als dein bisher schnellstes Tempo. Interessanterweise können viele Schüler mit dieser Methode ihr anfänglich schnellstes Tempo nochmals übertreffen. Nicht selten beobachte ich im Unterricht, dass das erreichte Endtempo sehr viel höher ist, als das Endtempo der ersten Übungsphase (bei der das Tempo um 15 % verlangsamt werden musste).

In der nachstehenden Grafik ist eine solche Übungssequenz, welche in unserem Beispiel aus zehn Iterationen besteht, dargestellt.

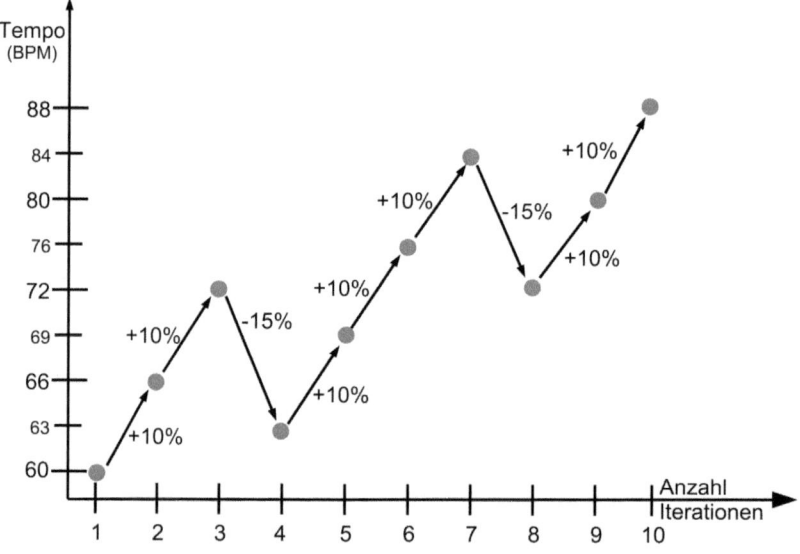

Übungssequenz mit Anpassung des Tempos

Am Anfang, also bei Iteration 1, wird mit 60 BPM gestartet. Weil der Spielversuch erfolgreich war, wird das Tempo bei Iteration 2 um zehn Prozent, also auf 66 BPM, erhöht. Da Iteration 2 auch erfolgreich war, wird bei Iteration 3 wiederum 10 % schneller gespielt – nämlich bei 72 BPM. Bei Iteration 3 aber, wird das Ziel nicht mehr erreicht. Darum wird das Spieltempo bei Iteration 4 um fünfzehn Prozent, also auf 63 BPM, reduziert. Die weiteren Iterationen folgen dieser „Plus 10 % / Minus 15 % Regel", wie im Diagramm sehr anschaulich dargestellt.

Im halben und Vierteltempo spielen

Eine interessante Technik ist es auch, das Metronom nur im halben Tempo laufen zu lassen. Wenn es sich um eher schnelle Tempi handelt (120BPM+), kann man auch versuchen, das Metronom nur jeden vierten Schlag schlagen zu lassen. Wenn ich dies tue, ergibt sich Folgendes: Ich spiele Sechzehntelnoten bei Tempo 120 BPM. Also klickt bei jeder vierten Note das Metronom, folglich erhalte ich zu jeder vierten Note vom Metronom einen akustischen Synchronisationsimpuls. Lasse ich das Metronom jedoch nur auf 30 BPM laufen, erhalte ich den Syncimpuls nur noch jede 16-te Note, womit es ungleich schwieriger wird, den Takt noch zu halten. Wenn ich mein Timing in der Zeit zwischen zwei Klicks nur um 5 % verändere, werde ich schon fast eine Sechzehntelnote danebenliegen. Ich werde mir viel mehr Mühe geben müssen, konstant zu spielen.

Treffsicherheit verbessern (Specht - Technik)

Gerade Anfänger haben oft viel Mühe, sich blind und sicher auf dem Instrument zurechtzufinden. Bei Gitarrenschülern äussert sich das unter anderem so, dass die Schüler zu wenig Sicherheit beim Treffen der gewünschten Saiten haben. In einigen Fällen lasse ich die Schüler absichtlich sehr grosse Bewegungen ausführen, damit sie sich an die Lokalisierung der Zielorte gewöhnen. Anfänglich bitte ich die Schüler, die Hand nur wenig vom Instrument zu nehmen (z.B. einige Zentimeter). Später kann es bis zu einem halben Meter oder mehr sein. Durch diese extremen Distanzen entwickeln die Schüler oft schon nach einer kurzen Übungszeit ein besseres örtliches Gefühl für ihr Instrument. Da in realistischen Spielsituationen die Distanzen jedoch viel kleiner sind, lokalisieren die Schüler die Töne nun viel einfacher.

Auf der Gitarre trainiere ich so die Anschlaghand der Schüler. Die Hand „sticht" wie ein Specht auf die Saiten ein. Auf der Gitarre empfehle ich, nur auf die Greifhand zu schauen, eine Note auf einer beliebigen Saite zu drücken und diese Saite mit der Anschlaghand, eben durch diese „Spechtbewegung", anzuschlagen.

Schmerzen und Verletzungen

Schmerzen und Verletzungen können einen Musiker immer treffen – sei es als (blutiger) Anfänger oder als Profi. Darum hier ein paar Gedanken zu diesem wichtigen Thema.

An neue Belastungen gewöhnen

Als Gitarrist kann es sein, dass man anfänglich z.B. taube Fingerkuppen bekommt, was nicht weiter schlimm ist. Jedoch sollte auch auf diese Irritation gehört werden und auch mal 2 – 3 Tage nicht geübt werden. Menschen, welche nur 30 Minuten am Tag üben, sollten nach einer Gewöhnungsphase an weitere neue Belastungen (z.B. noch nicht gewohnte Bewegungen) eigentlich gut über die Runden kommen.

Auch kann es gut sein, dass ein Gitarrist z.B. in seinen Ferien viel mehr spielt, als er dies normalerweise tut und sich damit physisch überbeansprucht. Darum sollte man in Zeiten „erhöhter mechanischer Beanspruchung" auf Warnsignale seines Körpers hören und sich wirklich genügend Pausen gönnen. Diese Pausen können bei entsprechenden Symptomen auch schon mal einige Tage dauern.

Aus der Neurobiologie ist uns heute bekannt, dass sich auch unser ZNS (Zentralnervensystem) an Belastungsänderungen anpassen muss. Z.B. muss dafür gesorgt werden, dass der Stoffwechsel entsprechend den Bedürfnissen angepasst wird. Alleine dies erfordert mehrere Wochen der Gewöhnung.

Vielspieler

Vielspieler üben mehrere Stunden pro Tag, was in der Tat eine grosse physische Belastung darstellt. Gerade Vielspieler haben oft Probleme, auf Körpersymptome frühzeitig zu hören und eine mehrtägige Spielpause einzulegen, weil sie meist sehr ambitioniert sind. Dabei ist es viel besser, frühzeitig eine Übungs- und Spielpause einzulegen, als später gezwungen zu sein, eine mehrwöchige oder gar mehrmonatige Zwangspause einzulegen. Hier gilt im Zweifelsfalle: Pause! Immer!

Fokus auf Verspannungen beim Spielen

Wie fühlst du dich, wenn du übst / spielst? Wie fühlen sich deine Hände an? Spürst du irgendwo ein Ziehen oder sogar Schmerz?

Wenn wir spielen, fokussieren wir uns meist auf die korrekte

Bewältigung der Übung, auf das Timing, die Qualität des Gespielten, jedoch sehr wenig darauf, wie sich das Gespielte anfühlt.

Ich empfehle, beim Spielen auch immer wieder einen Fokus darauf zu legen, wie entspannt du spielst: Üben mit dem Hauptziel, entspannt zu bleiben.

Wenn du dies regelmässig machst, kann ich dir Fortschritte auch in anderen Bereichen garantieren. Und dein Verletzungsrisiko wird sich durch dieses spezielle Üben auch senken – nicht zuletzt, weil du früher wahrnimmst, wenn etwas nicht wirklich rund läuft, bzw. Verspannungen und Schmerzen von dir früher wahrgenommen werden.

Minimalkraftspiel

Das Spiel mit Minimalkraft wurde an anderer Stelle bereits erwähnt. Es scheint mir jedoch angemessen, hier nochmals zu erinnern, regelmässig zu überprüfen, ob du mit minimaler Kraft spielst oder du dazu neigst, deine Kräfte (vielleicht im Zuge einer schleichend einsetzenden Verkrampfung) inneffizient einzusetzen. Ein Paradebeispiel dafür ist bei Gitarristen die verspannte Greifhand beim Spiel von Barré-Akkorden, bei denen meist der erste Finger mehrere Saiten gleichzeitig runterdrückt. Der erste Finger braucht also am meisten Kraft, währenddem die anderen Finger eigentlich gar nicht so viel Kraft bräuchten (physikalisch sogar weniger, weil der erste Finger die selbe Saite ja schon drückt). Trotzdem drückt der lernende Gitarrist oft mit den anderen Fingern sehr viel stärker zu, als es eigentlich notwendig wäre – einerseits, weil die Fingerunabhängigkeit noch nicht sehr ausgeprägt ist, andererseits auch, weil die einsetzende

Verkrampfung der am Barrégriff beteiligten Muskeln sich auf alle Finger auswirkt.

Mehrfachbelastungen

Besonders achtsam sollten Musiker (und im Speziellen Vielspieler) sein, wenn sie Mehrfachbelastungen ausgesetzt sind: Ein Musikschüler übt regelmässig viel – speziell Repetitives, arbeitet im beruflichen Leben vor allem an der Computertastatur und am Wochenende hat er noch einem Kollegen beim Umzug geholfen.

Falls in einem solchen Fall am nächsten Tag noch Körpersymptome zurückbleiben, empfehle ich, das Abklingen dieser abzuwarten und erst dann wieder mit dem Spielen anzufangen – oder zumindest keine repetitiven Übungen zu vollziehen, bis die Symptome abgeklungen sind. Leider musste ich genau diesen Fall mit einem Schüler von mir erleben. Dieser hatte keine Pause eingelegt und die Körpersymptome ignoriert. Hier trat der schlimmste Fall ein: Es kam zu chronischen Problemen und endete in der Hobbyaufgabe.

Mikrobewegungen vs. Makrobewegungen

In der heutigen Arbeitswelt sitzen viele Menschen vor allem an der Computertastatur, was leider langfristig nicht gerade sehr gesund ist. Das Stichwort ist *Repetitive Strain Injury Syndrom*[7].
Nun ist es leider so, dass wir beim Musizieren (und je nach Instrument) unter Umständen zusätzlich ähnliche feinmotorische Bewegungen (ich nenne sie Mikrobewegungen) ausführen, was

---

7 http://de.wikipedia.org/wiki/Repetitive_Strain_Injury_Syndrom

das Risiko einer Verletzung nochmals erhöhen kann.

Vorsorgend habe ich gute Erfahrungen gemacht mit relativ grossen / groben Bewegungen als Ausgleich, wie etwa das Training mit nicht zu schweren Kurzhanteln. Solche groben Bewegungen (ich nenne sie Makrobewegungen) können dir u.U. helfen, einen Ausgleich zu schaffen. Dabei werden die beteiligten Muskeln stark durchblutet, was natürlich den Stoffwechsel anregt.

Dieses Vorgehen ist beim Vorhandensein einer akuten Verletzung nicht zu empfehlen. Ich empfehle, die Verletzung zuerst abheilen zu lassen.

Bürsten um den Stoffwechsel anzuregen

Den Stoffwechsel kann man z.B. im Bereich der Hand / des Handgelenks auch mit sanftem Bürsten der Oberflächenhaut anregen. Die Bürste sollte dabei nicht zu grob sein, denn du willst deine Haut nicht irritieren oder gar verletzen. Diesen Tipp habe ich von ärztlicher Seite bekommen – manchmal kann das sehr gut unterstützend wirken.

Massagecreme

Für Vielspieler kann es hilfreich sein, eine Sportmassagecreme einzusetzen. Im Studium hatte ich dies erfolgreich gemacht. Der eine oder andere wird darüber vielleicht lachen, jedoch, je nach Übungsintensität, kann es gut sein, dass man seine Hände beim Üben physisch sehr fordert – wie das ein Sportler mit der entsprechenden Muskulatur etc. auch tut. Warum sollte man seine Hände daraufhin nicht mit einer Massage verwöhnen?

Stretching

Es gibt verschiedenste Arten von Stretching, welche hilfreich sein können – dies nicht nur beim Musizieren, sondern auch für Menschen, welche viel Tastaturarbeit erledigen. Ein effektives Stretching ist es, vor eine Wand zu stehen, dabei einen Arm gegen die Wand auszustrecken und die Hand nach aussen vorsichtig gegen die Wand zu biegen. Dabei ist immer sehr vorsichtig umzugehen. Es geht nicht darum möglichst schnell, möglichst viel zu stretchen – sondern vorsichtig zu erfühlen, wo es zwar etwas stretcht, aber keinesfalls zu viel!

Im Zweifelsfall ist immer entsprechende medizinisch geschulte Hilfe zuzuziehen. Zum Beispiel gibt es bei der oben beschriebenen Übung auch Kontraindikationen, z.B. wenn der/die Ausführende an einem Ganglion im Handgelenk leidet.

Ganglien und Musizieren

Wer an einem Ganglion leidet und dieses aufgrund der hohen Rückfallwahrscheinlichkeit oder aus sonstigen Gründen nicht operieren lassen will, sollte sich bei entsprechend geschultem Personal erkundigen, welche Bewegungen und Positionen Druck auf das Ganglion ausüben. Im Anschluss kannst du versuchen, deine Spielhaltung anzupassen, sodass das Ganglion möglichst keine physische Belastung erfährt und so möglicherweise nicht aktiv(er) wird. Dabei kann es auch wichtig sein, zu versuchen, Belastungen muskulär aufzufangen und nicht über die Gelenke.

Stichwortverzeichnis

Auswendiglernen...139
Bewusste Inkompetenz..134
Bewusste Kompetenz...135
Blicktechnik beim Spielen....................................121
Der Übungsplan..117
Entspannt spielen..122
Ganglion..155
Kinästhetisch...121
Kompetenzstufenentwicklung..............................134
Lernsättigung..146
Mehrfachbelastungen...153
Metronom..147
Minimalkraftspiel...152
Nachhaltiges Lernen...129
Neuroplastische Botenstoffe..................................99
Postmentaler Prozess..143
Repetitive Strain Injury Syndrom........................153
Schmerzen...150
Spieltempo beim Lernen......................................124
Treffsicherheit verbessern....................................149
Unbewusste Inkompetenz....................................134
Unbewusste Kompetenz......................................135
Verletzungen...150
Wahrnehmungskanäle..119

Literaturempfehlungen

Musik im Kopf
Prof. Manfred Spitzer (2002)
Schattauer (ISBN-13: 978-3-7945-2427-3)

Der Autor lässt uns anhand vieler praktischer Beispiele in das musizierende, menschliche Gehirn schauen. Das Buch setzt weder ein Musik- noch ein Medizin- oder Psychologiestudium voraus – bleibt also gut verständlich. Ein Muss für alle, welche gerne mehr über das musizierende Gehirn erfahren möchten und dieses Gebiet spannend finden.

Biologie der Angst
Prof. Gerald Hüther (2012)
Vandenhoeck & Ruprecht (ISBN: 978-3-525-01439-4)

Gerald Hüther untersucht die Biologie der Angst aus der Sicht des Neurowissenschaftlers. Wir erleben, was Angst in unserem Gehirn auslöst und verstehen so verschiedenste Mechanismen. Obwohl das Buch sicher noch in den populärwissenschaftlichen Bereich gehört, ist es nicht immer einfach zu verstehen. Jedoch enthält das Buch, wohl auch aus diesem Grund, am Ende eine Zusammenfassung der wichtigsten Begriffe.

Bedienungsanleitung für ein menschliches Gehirn
Prof. Gerald Hüther (12. Auflage 2016)
Vandenhoeck & Ruprecht (ISBN: 978-3-525-01464-6)

Der Autor versucht uns näher zu bringen wie ein menschliches Gehirn gebraucht werden kann und wie sich der Gebrauch auf die Struktur des Gehirns und schliesslich unser Selbst auswirkt. Ein gut verständliches, bewusst populärwissenschaftlich gehaltenes Buch mit einem berührenden Schlussfazit.